전남대병원 의사가 지켜본 5·18 광주항쟁

전남대병원 의사가 지켜본 5·18 광주항쟁

2018년 10월 30일 초판 발행
2019년 5월 10일 개정판 발행

지은이 | 박병순
펴낸이 | 정병석

펴낸곳 | 전남대학교출판문화원
주소 | 61186 광주광역시 북구 용봉로 77
전화 | (062) 530-0571~3 팩스 | (062) 530-0579
등록 | 1981. 5. 21. 제53호
홈페이지 | http://www.cnup.co.kr
이메일 | cnup0571@hanmail.net

값 10,000 원

ISBN 978-89-6849-631-8 (03300)

이 도서의 국립중앙도서관 출판예정도서목록(CIP)은 e-CIP홈페이지(http://www.nl.go.kr/ecip)와
국가자료공동목록시스템(http://www.nl.go.kr/kolisnet)에서 이용하실 수 있습니다.
(CIP제어번호: CIP2019017195)

전남대병원 의사가 지켜본

5·18 광주항쟁

박병순 저

개정판

전남대학교출판문화원

■ 서 문

저는 전남대병원출신 흉부외과 전문의입니다.

1980년 5월 18일 당시 저는 의과대학 졸업반 학생으로 병원 실습(poly clinic) 중이었습니다.

전남대병원은 당시 전남 도청 뒤의 11층 큰 건물이어서 멀리서라도 육안적으로 도청이 잘 보이는 지역이었습니다. 도청 앞 큰길은 항쟁의 주 무대인 큰 길 금남로입니다.

저는 그 당시 집에 있다가 일손이 대단히 부족하다는 선배 인턴의 전화를 받고 전남대병원에 들어가 환자들의 참상을 목격하게 되었습니다. 환자분들의 이야기를 통해 광주시내 총체적인 상황을 알게 되었고, 새벽도심의 진압상황도 목격하게 되었습니다. 그러나 그동안 광주시민들에게는 오히려 나쁜 분위기가 형성되었고 일일이 대꾸하기도 벅차고 힘들어 내 가슴 속에 묻어두고 살아 왔습니다.

최근 들어 택시운전사라는 영화를 통해 5·18 광주 항쟁에 관한 관심이 많아졌습니다. 이번 기회에 기록, 영화 등을 보며 그동안 미루어 두었던 당시 전남대병원에서 보고들은 생생한 이야기를 체계적으로 정리하여 세세히 기록을 남겨 놓아야 되겠다 생각했습니다. 이는 제가 평생 동안 생각해오던 일이었습니다.

이를 기준으로 보다 추가적이고 완성된 후일의 기록에 한 토대가 되었으면 합니다.

2018. 10.

광주에서...

흉부외과 전문의 박병순

■ 추천사

이 책은 박병순 원장이 젊은 날에 겪었던 고통스러운 사건에 대해 자신의 체험을 이야기하는 증언의 무대라 할 수 있다. 과거의 고통을 해소하는 방식으로 그것을 증언하는 것이 우리에게 익숙한 방식은 아니다. 우리는 오래전부터 고진감래(苦盡甘來)라든가 새옹지마(塞翁之馬)라는 말로 현재의 고통이 단지 일시적이며, 그것을 통과하면 언젠가는 행복이 온다는 것을 삶의 이치로 받아들여 왔다. 이러한 고통의 내러티브는 고대 문학에서부터 현대의 멜로드라마에 이르기까지 풍부한 한국문화사의 자료로서 축적되어 있다. 하지만 지금 당장 힘든 사람들에게 그 말은 단지 무책임한 위로에 불과하며, 증상을 가려 덮는 진통제처럼 여겨지는 듯하다. 바꾸어 말하면 우리 사회가 고통을 다루는 현실적 방법에 대한 개인적,

사회적 노하우가 절실하게 부족하다는 뜻이다. 이런 점에서 이 책의 저자가 선택한 고통 해결의 방식은 주목할 만하다. 그는 사건을 경험한 지 38년이 지난 시점에 자신의 경험을 증언하고, 책으로 출판한 것이었다.

그런데 우리가 쉽게 생각하는 것처럼 특정 사건을 증언한다는 것, 나아가 증언을 기록으로 만든다는 것은 단순한 일이 아니다. 이와 관련하여 라틴어에는 '증인'에 해당하는 말이 두 개 있다고 한다. 그중 하나는 'testis'인데, 영어의 'testimony'는 여기에서 파생된 말이다. 어원상 이 말은 서로 경합하는 두 당사자들 간의 재판이나 소송에서 제삼자의 위치에 있는 사람을 가리킨다. 다른 하나는 'superstes'인데 어떤 일을 끝까지 겪어낸 사람, 어떤 사건을 처음부터 끝까지 경험했고 그래서 그 일에 대해 증언할 수 있는 사람을 가리킨다. 앞의 단어가 법의 문제라면, 뒤의 단어는 사실의 문제이다. 여기서 중요한 것은 사실의 문제이다. 사실의 문제는 법적 범주는 물론이고 윤리적 범주까지 아우르는 것이기 때문이다. 그만큼 증언이라는 것은 사회적 책임은 물론이고 역사적 책임이 따르는 행위라고 할 수 있다.

현대 정치사상가들 중 매우 강력한 영향을 미치는 것으로 인정받고 있는 아감벤(Giorgio Agamben)은 『아우슈비츠의 남은 자들』(1998)에서 아우슈비츠의 사례를 들어 국가폭력 사건의 증언불가능성에 대해 이야기하고 있다. 그는 수용소에서 가장 육체적·정신적 충격이 심한 상태로 '걸어 다니는 시체'인 '이슬람교도'를 예로 들어 설명한다. '이슬람교도'라는 말은 이슬람 종교를 믿는 사람이라는 의미가 아니다. 그 말은 수용소 내에서의 고통으로 인해 수용자 중 일부가 생명은 아직 있지만 신체적 기능이 극도로 저하되어 멀리서보면 아랍인들이 기도하고 있는 것처럼 흔들거린다고 해서 사람들이 붙인 이름이다. 아감벤은 이들이 주위의 모든 관계들로부터 스스로 차단되고 모든 일에 무관심해진 상태라는 점에서 인간과 비인간의 경계라고 주장한다. 그렇다면 이들은 자신의 고통과 처참함을 증언할 수 있는가? 아감벤은 이들 '이슬람교도'들은 이미 비인간으로 앎과 봄이 불가능하다고 주장한다. 또한 '온전한 증인들'이나 의미 있는 증언이 가능한 사람들은 이미 자신들을 관찰하고 기억하고 비교하고 표현할 능력을 상실했다고도 한다. 즉 가장 처참한 상태에 있는 사람들이나 비교적 온전한 사람 모두 증언하기에는 한계가 있다는 것이다.

우리 사회는 일제 식민지와 한국전쟁, 그리고 수 십 년에 이르는 권위주의체제를 거치면서 증언이라는 것이 패가망신하는 길이라는 것을 체득한 사회였다. 국가가 저지르는 폭력이나 정의롭지 못한 행위로 인해 억울하고 원통한 일을 당했어도 아무도 모르게 혼자 감내하는 것이 삶의 지혜로 여겨지기도 했다. "모난 돌이 정 맞는다"는 속담은 젊은이들이 흔하게 듣는 속담이었다. 그러다가 1980년대 후반에 이르러서 '5·18'에 대한 증언이 이루어지고, 그것이 책으로 만들어지면서 국가폭력에 대한 증언이 터져 나오기 시작한다. 그 최초의 결과물이 『광주5월민중항쟁사료전집』이다. 비슷한 시기에 제주에서도 '4·3사건'과 관련된 증언채록이 진행되었고, 그 증언들을 묶어서 1989년에 제주 4·3연구소에서 『이제사 말햄수다』 1, 2권을 출간했다. 과거의 사건을 대하는 전혀 다른 시각과 태도가 만들어진 것이다. 이 시기 이후 진행된 우리 사회의 증언 작업은 한편으로는 과거의 국가폭력 사건에 대한 사실 규명의 방식이었지만, 다른 한편으로는 억울한 사람들의 한풀이였다. 요즘 말로 바꾸면 트라우마의 치유라고 할 수 있을 것이다.

이 책의 저자가 겪었던 고통스러운 사건은 우리가 '5·18'이라고 부르는, 1980년 5월 광주와 전남지방에서 있었던 국가폭력과 저항이다. 그는 당시 전남대학교 의과대학 졸업반이었는데, '5·18'로 인해 일손이 부족해진 병원 의료진들이 의과대학생들까지 의료 보조로 소집해서 그도 역시 의료활동의 지원을 맡았었다. 이러한 과정이 그에게는 평생 동안 지울 수 없는 기억을 각인시켰고, 이제 그는 자신의 경험을 기록한 증언집을 통해 그것으로부터 벗어나고자 한다. 어찌 보면 1980년 5월의 경험은 그에게 트라우마를 남긴 것이며, 그는 이 책을 통해 그것으로부터 해방되려는 것이다.

주지하다시피 '5·18'은 두 가지 측면을 갖고 있다. 하나는 국가폭력으로 인해 일상이 파괴되고 수많은 사람들이 다친 사건이며, 다른 하나는 그러한 폭력에 대항하여 시민들이 폭력으로 저항한 사건이다. 현재 진행 중인 국방부의 '5·18' 조사는 국방부에서 소장하고 있는 자료를 통해 '5·18'의 국가폭력 측면을 조사한다는 것이다. 반면에 시위현장에서 활동한 사람이나 항쟁지도부 등의 증언은 '5·18'의 저항 측면을 증언하는 것이다. 사실 1980년대 후반 이후 30년의 세월 동안 '5·18'에 대한 상당한 규모의 증언이 이루어졌다. 물론 아감벤의 주장처럼 '5·18'에서도 가장 처참한 현장에 있었던 사람들은 이미 증언을 할 수 없는 경우가 대부분이며, 그것을 목격했던 사람들도 '인간의 언어'로는 표현 불가능하다고 말하는 경우가 많다. 하지만 부족한 수준에서나마 이루어진 이들 증언들이 '5·18'의 진상규명에 큰 공헌을 했으며, 당시의 사건으로 인해 트라우마에 시달리던 수많은 사람들이 증언하는 과정을 통해 트라우마에서 벗어나는 계기가 되었다.

그렇다면 이같이 많은 양의 증언이 이미 이루어진 상태에서 이 책은 어떠한 의미를 갖는가? 이 책은 당시 수많은 사망자와 부상자가 이용하였던 전남대학교병원을 무대로, 그곳에서 일했던 젊은 의료진의 경험을 기록한 것이다. 물론 전남대병원에 대한 증언도 다수 있고, 그것들을 토대로 만들어진 연구논문과 책도 있다. 대표적인 책으로 『5·18 의료 활동: 자료 기록 및 증언』(광주광역시의사회, 1996)과 『5·18 10일간의 야전병원』(전남대학교병원, 2017)이 있다. 이 책들은 '5·18'의 진상규명 및 '5·18' 연구에 매우 소중한 자원들이다. 하지만 지나치게 공적인 수준에서 만들어졌다는 한계를 갖고 있다. '5·18' 진상규명 및 연구는 공적이고 제도적인 수준도 중요하지만, 일상적인 수준의 경험이 갖는 중요성 역시 강조되어야만 한다.

이런 점에서 이 책은 단순히 의료 분야의 증언에 하나를 더 얹어 놓은 것이 아니다. 당시 일상이 파괴된 병원 안에서 하루하루 어떻게 생활하고, 어떻게 환자들을 대했는지 알 수 있는 자료이기 때문이다. 이 책의 의미는 여기에 있다. 박병순 원장은 당시 전남대병원에서 의료 활동을 보조하는 의과대학 졸업반 학생이었다. 이 책은 그의 시선에서, 혹은 그의 경험에서 알 수 있는 병원의 상황을 꼼꼼하게, 그리고 자신의 감정을 곁들여서 기록하고 있다. 이러한 기록은 일상사의 수준에서 '5·18'을 연구하기 위한 원초적인 자료가 될 것이다. 또한 공적이고 제도적인 접근에서 누락된 사실들 및 사람들의 경험이 역사적 자료로 남을 수 있는 기회를 제공할 수도 있다. 나아가 '5·18'을 각기 자신의 방식으로 경험한 수많은 사람들이 그 경험을 표출할 수 있는 계기가 될 수도 있다. 이런 점들을 근거로 추천사를 쓰는 필자는 이 책의 저자인 박병순 원장의 열정에 감사를 보낸다. 그리고 이 책의 출판을 계기로 박병순 원장의 가슴 속에 남아있는 '5·18'에 대한 체증이 쾌유하기를 바란다.

2018. 10.

최정기(전남대 사회학과 교수)

1980. 5. 19. 오전 금남로에 투입된 11공수여단

■ 목　차

항쟁의 길

부 록

항쟁의 길

1980. 5.

비상계엄의 해제
서울의 봄

1980년 5월 12일 정치권이 국회에 개헌안을 제출하면서 정부는 1980년 5월 20일 임시국무회의를 열어 비상계엄의 해제를 결의하기로 했다.*

1979.10.26. 박정희 대통령 서거 때문에 전국에 제주도를 제외한 비상계엄을 실시하였다. 그러나 7개월 이상 지속된 비상계엄으로 인한 국민들의 생활이나 경제활동, 대외신인도

* 죽음을 넘어 시대의 어둠을 넘어: 광주민주화운동기념사업회 엮음. 황석영, 이재의, 전용호 기록.

등 여러 문제가 있어서 국민들 및 정부 각 처에서도 비상계엄을 해제하자는 목소리가 높아갔다. 뿐만 아니라 대학가의 시위도 서울역 앞 회군에서 보듯이 총학생회에 의해서 충분히 조절되고 안정적이었으며 정부가 판단하기로는 다른 지역에서도 특별한 시위사태 등이 없어 더 이상 비상계엄을 유지할 더 이상의 명분이 없었다.

그래서 정부는 1980년 5월이 되자 그동안 정치활동이 금지되었던 여러 야당, 민주인사 등의 활동금지도 해제시켰다. 따라서 그동안 억눌렸던 여러 인사들이 본격적인 활동을 개시할 수 있게 되어 그야말로 사회 전반 특히 정치분야도 활발한 그야말로 봄 분위기라고 말할 정도로 활발해졌다.

1980년 5월 10일 '육군본부 정보참모부'는 중앙정보부의 첩보내용을 분석한 결과 북괴의 남침 가능성이 없다고 밝혔다.

최근 기밀이 해제된 1급비밀문건에는 1980년 5월 9일 열린 미국 국가안전보장회의에서 미 중앙정보국(CIA)이 "북한은 한국의 정치 불안 상황을 빌미로 한 어떠한 군사행동도 취하는 기미가 없다."고 보고했다.*

따라서 정부는 1980년 5월 20일 임시국무회의를 열어 비상계엄의 해제를 결의하기로 했다.

---

* 죽음을 넘어 시대의 어둠을 넘어: 광주민주화운동기념사업회 엮음. 황석영, 이재의, 전용호 기록.

그러나 신군부는 정권을 장악하기 위해서 오히려 비상계엄을 전국으로 확대하려는 계획을 비밀리에 진행하고 있었다.

제주도가 제외된 지역 계엄이기 때문에 계엄사령관은 국방부장관의 지휘를 받는, 대한민국에서 랭킹 제3인자인 셈이다. 따라서 비상계엄을 전국으로 확대해야 계엄사령관이 대통령 바로 밑 국내 랭킹 제2인자로 실제적인 국가 지휘권을 갖게 되는 것이었다.

그러나 비상계엄을 전국으로 확대하려면 북한의 어떤 동향이 있든지 아니면 전국 어디선가 폭동에 가까운 소요사태가 있어야 했다.

의미심장한 이야기가 있다.

17일 오후 6시경 보안사에서 회의를 마치고 광주로 돌아온 505 보안부대 대공과장 서의남 중령은 수사관들에게 "김대중 때문에 광주를 대상으로 삼았다"고 말했다. 의미심장한 이야기다.

당시 특수전사령부 군수참모 이상한 대령의 증언에 따르면 5월 8일부터 16일 사이에 공수부대 수뇌부가 광주에 내려왔다. 특전사령관 정호용 소장, 작전참모 장세동 대령, 군수참모 이상한 대령, 그리고 모 처장 등이 헬기를 타고 광주 상무대의 전교사를 방문했다.

5월 초부터 광주를 향한 모종의 계획이 사전에 검토되고 있었다는 합리적인 의심을 떨쳐버릴 수가 없었다. 아니 그 이전부터 어떤 모종의 계획이 검토되고 있었는지도 모른다.

5월 12일 정치권이 국회에 개헌안을 제출하던 그날 전두환 보안사령관은 시국수습방안에 서명하였다. 이 서명에 따라 5월 13일부터 육군본부는 '충정작전'을 시작했다.*

13일 신우식 7공수여단장은 육군본부로부터 광주지역으로 출동할 준비를 하라는 명령을 받고 대기상태에 들어갔다. 전북대와 충남대에 7공수여단 1개 대대씩, 그리고 전남대와 광주교대에 33대대, 조선대에 35대대를 배치한다는 계획이었다. 이에 따라 '비상계엄 전국확대' 이전에 군부대 이동이 시작됐다.*

북한의 남침 위협이 사실이라면 휴전선에 병력을 증원배치하는 것이 상식이다. 그러나 신군부는 대간첩작전이라는 명분아래 휴전선이 아닌 후방지역에 시위진압 훈련을 마친 충정부대를 투입했다. 실제로는 '소요진압'이 목적이었음이 '소요진압 공지 협동 작전 계획' 지시에서 드러났다. 이 계획

---

* 죽음을 넘어 시대의 어둠을 넘어: 광주민주화운동기념사업회 엮음. 황석영, 이재의, 전용호 기록.

의 작전이란 '무장헬기 동원'을 명하는 것은 물론, '소요진압을 대간첩작전 차원에서 수행'하라는 군사작전이었다.

이 작전은 5일 후 광주에서 시행됐다.*

1980년 5월이 되자 그동안 정치활동이 금지되었던 여러 야당, 민주인사 등의 활동금지가 해제되었다. 따라서 그동안 억눌렸던 여러 인사들이 본격적인 활동을 개시할 수 있게 되어 그야말로 사회전반 특히 정치분야도 활발한 그야말로 봄 분위기라고 말할 정도로 활발해졌다.

학생운동도 역시 마찬가지로 활발해졌으며 다양한 형태의 시위도 전국적으로 다양하게 전개되었다. 5월 16일 의과대학 본3 차상섭 회장이 서울에 다녀온 후 보고회를 했다. 내용인즉 전국적으로 학생운동이 활발하게 전개되고 있으며 특히 서울에서의 학생시위가 체계적이고 조직적으로 진행되고 있는 것 같다는 보고였다.

당시 의과대학은 통상적인 학생회를 구성하여 활동하고 있었고 매일 강행되는 8교시 수업에 질려서 비교적 정치활동에는 신경을 쓸 겨를이 없을 정도로 바쁘고 촉박한 나날들을 보내고 있었다. 그래도 졸업반인 우리들은 학과수업시간은

---

* 죽음을 넘어 시대의 어둠을 넘어: 광주민주화운동기념사업회 엮음. 황석영, 이재의, 전용호 기록.

종료되고 병원실습을 돌고 있어서 그래도 비교적 여유로운 마지막 대학생활을 보내고 있었다.

13일부터 시작된 서울지역 대학생 시위의 열기가 사흘째 고조되면서 임계점에 다다랐다. 15일 서울역 광장에는 35개 대학의 학생 10만여 명이 모였다.

서울은 도심 전체가 마비될 정도로 매우 격렬하게 학생과 경찰의 충돌이 빚어졌다. 김종필 공화당 총재는 이날 오후 신현확 총리를 방문해 어떤 경우에도 물리적 방법으로 사태를 해결해서는 안 된다며 강경진압에 반대한다고 밝혔다.

이날 밤 서울지역 총학생회 대표들이 다시 고려대에 모여 긴급회의를 열었다. 가두시위를 계속할 것인지 투쟁일정을 둘러싸고 논의를 벌였는데, 격론 끝에 당분간 시국의 추이를 관망하기로 결론을 내렸다.

학생들의 의사가 정부에 충분히 전달됐고, 군 투입 가능성이 높아졌으며, 이틀간의 대규모 시위에도 정부가 휴교령을 내리지 못한 것으로 보아 언제든 대대적인 시위를 다시 벌일 수도 있으니 일단 시위를 중단하고 학교로 복귀하자는 결정이었다.

이른바 '서울역 회군'이 결정된 것이다. 이에 따라 전국 대부분의 지방 대학들도 서울지역 대학들의 결정에 따라 가두시위를 중지했다.

1980. 5. 15. 서울역앞 시위: 이른바 '서울역 회군'

이에 따라 광주지역도 서울지역 대학들의 결정에 따라 5.16 화형식을 끝으로 가두시위를 중지하기로 했다. 사실 광주는 분위기가 별로 들썩거리지 않고 차분한 편이었다. 사실 광주는 그동안 시위를 많이 하여 더 이상 나서기도, 나서고 싶지도 않았다. 1929년 광주 학생시위부터 시작하여 해방 후 이승만 독재 타도, 한일 협정 반대 시위, 3선 개헌반대 시위, 유신헌법 반대 시위, 박정희 독재 타도 시위 등 수많은 시위에 질려서 이제는 전국적인 추세를 관망하는 정도였다.

더구나 1979. 10. 26. 타도 대상이었던 박정희 대통령이 김재규의 총탄에 죽어 타도 대상이 사라져 목표를 잃은 사람처럼 약간 허망한 분위기도 있었다.

그래서 학생회 대표들의 입에서 전국적인 추세에 비해 광주가 너무 차분한 거 아닌가 걱정스런 푸념이 나왔다.

그 당시 총학(총학생회 대표) 대표들 모임이 전국적으로 일사분란하게 잘 움직였던 것 같았고, 서울역 회군에서 보여주듯 전국총학대표들의 관심과 행동은 큰 무리를 이루며 임계점에 다다랐다.

서울은 도심 전체가 마비될 정도로 매우 격렬하게 학생과 경찰의 충돌이 빚어졌다. 김종필 총재가 신현확 총리를 방문해 강경진압에 반대한다고 밝혔다.

이날 밤 서울지역 총학대표들이 격론 끝에 이른바 '서울역 회군'이 결정된 것이다. 이렇든 그 당시 전국의 모든 시위 에너지는 서울지역을 향하고 있어서 일시 시위를 중지했지만 누가 봐도 다시 터질 수 있는 에너지나 명분 등은 서울지역이 위험했다. 그러나 서울지역을 제외한 지방이나 지방대학가의 시위형태나 움직임은 미미하였으며 특히 내가 지켜본 광주지역 역시 전국적인 추세에 비해 너무 차분한 모습이었다.

그래서 더더욱 광주지역의 폭력사태 때문에 비상계엄을 전국으로 확대하였다는 신군부의 발표는 처음부터 이해하기 어려웠다.

1980. 5. 16.

5·16 화형식

다시는 이 땅에서 5·16 같은 군사 쿠데타가 일어나서는 안된다고 화형식을 치르자고 했다.

1980.5.16. 수업중 의과대학 제1강당에 의과대학 학생회장인 본과 3년 차상섭 회장이 찾아와 전남대 총학생회에서 결정된 사항이라고, 5.16. 화형식 행진 시위에 의과대학도 참가하기로 했다고 이야기했다. 광주시내를 한바퀴 돈 후에 도청 앞으로 모여 해산하기로 했다고 설명했다.

우리 모두 도청 앞으로 갔다.

나는 의과대학 졸업반이라서 최고참 학생으로 시위대의 가운데에 서서 횃불을 들고 행진했다. 횃불은 대략 5명에

1명 정도로 길게 들었다. 약 5열 종대로 행진했던 것 같은데 내 좌우에 후배 의대생, 그 옆 좌우에는 다른 과 학생들도 있었던 것 같다. 그리고 그 행진대열 밖으로 경찰관들이 긴 행렬을 이루면서 처음부터 끝까지 따라 왔다. 나도 많은 시위를 해 보았지만 시위대를 경찰이 에스코트하는 시위는 처음 해봐서 이제 우리나라 시위문화도 민주화 쪽으로 진일보한 게 아닌가 하고 내심 기쁜 마음에 행진을 편안하게 마치고 귀가할 수 있었다.

1980. 5. 16. 전남도청앞 5.16 화형식

1980. 5. 17.

신군부의 역습
비상계엄 전국 확대

신군부는 임시국회 소집 이전에 '선제공격'이 필요하다고 판단하고 '비상계엄 전국확대' 조치를 전격 실행하기로 결정하였다. 5월 20일 열릴 예정인 임시국회에서 계엄해제를 결의할 경우 신군부의 '시국수습방안'은 물거품이 될 가능성이 크기 때문에 그 이전인 17일을 '비상계엄 전국확대' 타이밍으로 잡았다.*

* 죽음을 넘어 시대의 어둠을 넘어: 광주민주화운동기념사업회 엮음. 황석영, 이재의, 전용호 기록.

1980년 5월 17일

신군부는 전군 지휘관회의를 열고 제주도가 제외되어있는 계엄을 전국으로 확대하는 결의를 통과시켰다. 그러나 비상계엄을 전국으로 확대할 명분이 없었다.

서울역 회군으로 서울지역 대학가도 아무런 시위가 없었으며 더더욱 이런 소식을 전해 받은 전국의 지방대학에서도 마찬가지로 사태를 관망하기로 하여 별다른 움직임을 보이지 않았다. 광주도 역시 서울 대학 총학들의 결정에 따르기로 하여 모든 시위를 중단하고 사태의 추이를 관망하기로 하였다. 만약에 휴교령이 내리면 자동적으로 학교 앞으로 모여 시위를 하기로 하고 모두 흩어졌다.

5월 17일 오전 9시 30분 전두환은 보안사 정보처장 권정달을 주영복 국방부 장관에게 보내 비상계엄 전국 확대, 국회해산, 비상기구 설치 등 세 가지 주요 내용을 담은 '시국수습방안'을 설명하고 군지휘관들이 지지 결의를 할 수 있도록 하라고 지시했다. 계엄확대 조치는 사실 국무회의 의결만 거치면 가능한 사항이었다. 굳이 '전군 주요 지휘관 회의'가 필요하지 않았지만 만약 대통령이 거부할 경우 '군의 일치된 뜻'이라며 압박하기 위한 수단이었다.

오전 10시 전두환은 단독으로 청와대에서 최규하 대통령에게 안보 및 국내 치안상황을 보고했다. 이때 '시국수습방안'

과 '소요배후조종자 및 권력형 부정축재 혐의자 체포조사 계획'을 추진할 예정이라고 말했다. 최 대통령은 법에 따라 신중하게 처리하라고 지시했다.

오전 11시부터 국방부 제1회의실에서 주영복 국방부 장관 주재로 '전군 주요 지휘관 회의'가 열렸다. 이날 회의에서는 '시국수습방안' 세 가지 가운데 '비상계엄 전국 확대'만 결의했다. '국회해산'과 '비상기구 설치'는 군의 영역을 벗어난다는 일부 반대여론을 의식하여 언급되지 않았다.

오후 5시 10분 신현확, 전두환, 주영복, 이희성 등이 함께 청와대로 들어갔다. 계엄확대 방안만 수용하기로 결정하고, 국무회의 소집을 지시했다. 이때가 오후 7시였다.

저녁 8시 이희성 계엄사령관은 보안사에서 각본을 짜 계엄사령부에 요청한 대로 비상계엄 전국 확대, 시위주동자와 배후 세력 색출, 정치인 검거를 지시했다. 이 모든 조치들은 비상계엄 전국 확대 안건이 국무회의를 통과하기 전에 취해진 것이었다.*

17일 밤 9시 42분 신현확 국무총리 주재로 임시국무회의가 열렸다. 중앙청 회의장 주변에는 계엄군 595명이 무장한 채 삼엄하게 도열했다. 저녁 7시 35분 중앙청 외곽에는 권총

---

* 죽음을 넘어 시대의 어둠을 넘어: 광주민주화운동기념사업회 엮음. 황석영, 이재의, 전용호 기록.

과 M16 소총을 휴대한 수경사 제30경비단 장교 18명, 사병 324명과 장갑차 4대가 배치되었다. 중앙청내부 현관과 계단, 복도에는 무장한 수경사 헌병단 장교 17명, 사병 236명이 1-2미터 간격으로 도열하였다. 외부외의 연락을 차단하기 위해 헌병단 통신과는 중앙청 내 전화선 2,440개를 모두 절단해버렸다. 이런 강압적인 분위기에서 국무회의가 열렸다. 주영복 국방부장관이 북한의 동태를 들먹이며 '계엄확대 선포'를 제안했다. 국무위원들은 누구도 입을 열지 않았다. 물론 찬반토론도 없었고, 8분 만에 의결됐다. 이렇게 하므로써 계엄사령관은 국방부장관을 제치고 대통령 아래 제2인자가 되었다. 그 당시 중앙정보부장 서리와 보안 사령관을 겸직하고 있던 군부의 실세는 전두환이었으므로 전두환이 우리나라에서 제2인자가 된 거나 다름없었다.

18일 새벽 0시 20분 계엄군은 경장갑차 8대, 전차 4대를 앞세워 국회의사당을 점거했다. 새벽 1시 이희성 계엄사령관은 '계엄포고령 제10호'를 발령했다. 포고령 원안도 보안사에서 입안하여 계엄사령부로 보낸 것이었다. 계엄포고령의 내용은 정치활동 중지, 집회 및 시위 금지, 대학 휴교, 언론보도 사전 검열, 파업 및 유언비어 유포 금지 등이었다. '국회해산'을 대통령이 반대하자 신군부는 '계엄포고령'이라는 편법을 동원해 정치인 강제연행, 국회 점거 등 사실상 '국회해산'과

다름없는 상황을 만들어버린 것이다.*

김대중 전 대통령은 그날의 사태를 "5·17 군부 쿠테타"라고 칭하였다.

그러나 비상계엄을 전국으로 확대하려면 어느 곳에서든지 소요나, 폭력 사태나, 폭동 등 무슨 특별한 사유가 있어야 하나 그날은 비상계엄을 전국으로 확대할 특별한 사유를 발표하지는 못했다. 전국 어디에도 그럴만큼 시끄러운 곳은 없었기 때문이다.

그것은 5월 초부터 시위가 시끄러워지면 군부가 개입할 명분을 주게 된다고 시위를 자제하라는 김대중 등의 특별한 호소가 있기도 했기 때문이라고도 생각한다. 그래서 서울 지역 대학생 총학생회 대표들도 이른바 '서울역 회군'을 결정하고 시위를 자제하자고 했다. 더구나 다른 곳은 몰라도 적어도 광주는 어느 정도 김대중 등의 당부를 더 수긍하고 타지에 비해 비교적 차분한 분위기였던 것 같았다.

비상계엄을 전국으로 확대하려면 그럴만한 사유가 있어야 되는데 거기에 대한 어떠한 사유도 발표한 것이 없었다. 따라

---

* 죽음을 넘어 시대의 어둠을 넘어: 광주민주화운동기념사업회 엮음. 황석영, 이재의, 전용호 기록.

서 그럴만한 사유가 필요하여 어느 곳이든 소요사태가 필요했는지도 모른다.

그리고 그날 1980. 5. 17. 자정 훗날 5·18 항쟁 주동자라고 발표한 사람들(예: 김대중, 전남대 복학생 정동년 등등)을 체포하였다. 5·18이 일어나기 전날 새벽에 후일 5·18 광주항쟁 주모자라고 발표한 사람들을 체포한 것이다.

한국일보

政治활동 中止
大學에 休校令

宣布이유…北傀동태·전국적인 소요사태등 감안

非常戒嚴 全國에 확대

18일 0시期해 濟州추가
大統領, 戒嚴司 지휘·감독

어제 深夜 임시閣議서 결정

職場이탈·파업등 一切不許
전·현元首 모독·비방금지
令狀없이 체포·구금·수색
經濟활동·國內여행은 보장

新聞·放送등 事前검열

日, 내달22일에 總選

1980년 5월 18일 한국일보 1면
출처: 한국일보, 편집: 아이엠피터

1980. 5. 18.

금남로의 공수부대

17일 오전 10시 40분 진종채 제2군사령관은 정웅 31사단장에게 광주 지역 8개 전문대학에 31사단 병력을 투입할 것을 지시했고, 이날 오후 5시에 전남대와 조선대에 천막이 설치됐다. 31사단 병력은 광주 향토사단병력이었으며 전남대, 조선대 학생들에게 별다른 아무런 짓도 하지 않았다. 나는 그 당시 졸업반 학생이라서 의과대학 내 명학당이라는 연구실에서 기숙하였는데 18일 아침 자고 일어나 의대 정문앞 부흥상회 슈퍼에 먹을 것을 사러 나가려니 군인들이 정문앞을 지키고 있었다. 그들은 우리를 보고 아무런 짓도 하지 않았으며 단지 휴교령이 내렸으니 집으로 돌아가라고 했다. 의대 정문에 휴교한다고 써져 있었던 것 같다. 그래서 아침을 먹고 아무런 저항도 없이 집으로 돌아왔다.

그런데 오후에 금남로에 나타난 공수부대원들은 전혀 달랐다. 이 공수부대는 일반 향토사단 계엄군들과는 달리 505 보안부대의 지휘를 직접 받았다고 했다.(나중에 증언에 의함.)

1980.5.18. 오후 2시 경부터 금남로의 끝 유동삼거리에 나타난 공수부대원(7공수여단 2개 대대)들이 지나가는 시민들을 향해 무차별적인 폭행을 시작했다. 폭행은 일정한 방식으로 자행되었다. 즉 머리를 먼저 때리고 양쪽 쇄골을 번갈아 내리치는 일관된 행위였다. 그렇게 하므로써 금남로의 시민들은 이들의 잔인무도한 폭행을 보고 항의하기도 하고 도망가기 도하고 싸우기도 하는 등 소요 사태가 일어나기 시작했다. (일명 화려한 휴가)

처음에는 이들의 진압봉으로 머리를 내리치고 그 다음 양쪽 쇄골을 내리치는 훈련된 일정한 진압 방식에 따라서 두개골 골절 환자와 쇄골 골절 환자 등 타박상과 골절환자가 초기에 많아 발생하였다. 그런데 시위진압이라고 보기에는 폭행의 정도가 너무 심하였다. 금남로는 증권가나 은행이 집중

되어 있는 금융가여서 학생은 본래 드물고 일반 직장인들이 주로 지나는 곳이며, 또 그 당시 전남대 앞 등 대학교 앞에 약간의 소요사태가 있었다고 하나 금남로는 상업지역이라서 학생시위는 별로 없었다.

그런데 공수부대원들이 학생들을 포함하여 지나는 직장인들 무고한 시민들을 향해 무차별적인 폭행을 가해왔다.

오후부터 갑작스럽게 전화가 빗발치듯이 사방에서 걸려왔다. 여기서 저기서 누가 다쳤느니, 머리가 터졌다느니, 대검에 유방을 도려낸 환자가 발생했다느니, 산모가 대검에 찔렸다느니, 수없이 빗발치듯이 전화가 걸려왔다. 나는 의과대학 졸업반 학생이라서 선배들, 동료들이 본 환자 이야기도 많았고, 또 일반인들도 이와 같은 말들이 실화냐 확인하는 차원에서도 수많은 전화가 집으로 걸려왔다. 계속해서 빗발치듯이 걸려오는 선배, 동료들, 일반인들의 전화를 받으면서 시내의 상황을 미루어 짐작할 수 있었다.

5·18 기간 동안 전화국이 불타버려 전화가 통신두절되었다고 하나 이는 사실과 다르고 시외전화만 선택적으로 차단

되었고 시내 전화는 오히려 그 양이 폭주하였다. 이는 아마 광주의 사실이, 외부로 알려지는 것이 두려운 어떤 세력에 의해 선택적으로 시외 전화만 차단되었는지 의심해 볼 만하다.

오후 들어 점점 초기의 두개골, 쇄골 골절 환자와 달리 대검 등의 칼에 찔린 자상 환자가 대거 발생되었다고 사방에서 전화가 빗발쳤다. 계속해서 걸려오는 전화를 받으면서, 또 일반인들에게 답변을 해주면서도 나 자신도 그렇게 심하게 (대검으로 가슴을 찌르는 등) 환자가 대량으로 발생되었으리라고 믿어지지가 않았다. 심지어는 사망 환자가 발생되었다는 전화가 왔다.

1980. 5. 19.

자상에 의한 사망환자의 발생

5월 19일 날이 밝자 사방에서 시민들이 잔학한 곤봉진압과 착검에 의한 자상 등으로 수많은 피를 흘리는 시민들이 길거리에 널려있는 것을 보고 들은 광주 시민들은 분노하기 시작했다.

마침내 2명의 사망환자가 수레에 실려 충장로를 지나 금남로에 나타나자 시민들은 흥분하기 시작했다. 나도 수레에 실린 2명의 사망환자를 보았다. 대검 등 칼에 찔린 자상 환자였다.

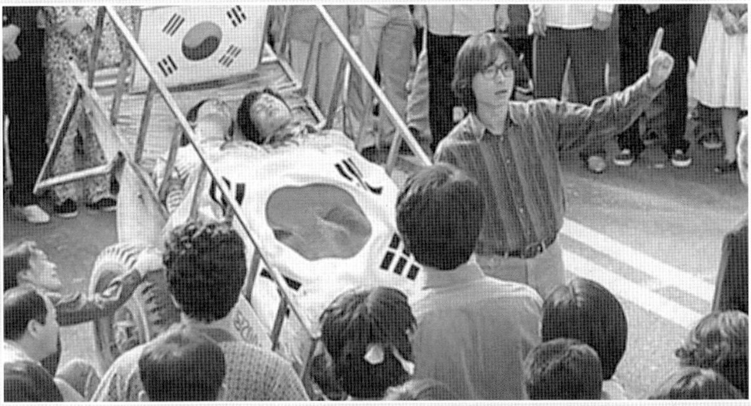

영화의 한 장면

시민들은 금남로로 모여들기 시작했다. 그러나 이를 향한 공수부대의 진압은 그칠 줄 모르고 과격하고 잔학하게 계속되었다. 이제는 아예 트럭을 길가에 세워두고 때려잡은 시민들을 짐짝처럼 트럭에 던져 넣었다.

적십자병원의 기록

류재운 (현대정형외과의원장, 당시 적십자병원 정형외과 과장)

시민들도 이제는 저항하기 시작하여 적십자병원앞 광주천변에서는 공수부대원이 시민들에 몰려 다쳐 병원에 들어오기도 하였다. 처음으로 공수부대원 환자가 발생하였으며 처음에는 공수부대원 환자도 몰래 병원 옆방에 입원하기도 하였다. 공수부대원환자들은 나중에 다 화정동에 있는 국군통합병원으로 이송하였다.

당시 같이 근무하면서 치료를 한 선생님들은 고 장민기(일반의사), 박소호(산부인과), 김봉환(내과), 조종덕(마취과), 고광련(이비인후과) 선생님이었으며 외과 선생님도 있었던 것으로 생각된다.

주로 외과·정형외과에서 치료했는데 당시 직원들 모두가 집에도 못가고 수술이나 치료를 하느라 정신이 없었다. 직원들 사이에서는 '군부가 실권을 잡는다더라', '군인들이 너무 가혹하게 다루는 것 같더라', '학생들이 총을 갖고 다니니 세상이 정말 큰일났다' 등의 이야기를 한 기억이 난다.

처음 공수부대들이 들어오기 전에는 학생과 전경이 충돌했는데, 18일부터 공수부대가 투입되면서 경찰조직이 와해되고 전경들도 힘이 없어져 도망다니는 처지가 되었다. 그러던 중 19일경 전투경찰 20여명이 병원에 찾아와 도움을 요청해 병원 지하에 피신시켜 숨겨주고 사복을 구해 모두 옷을 바꿔 입혀서 보냈다.

당시 치료에 대부분의 시간을 보내다 보니 다른 상황은 전혀 알 수 없는 처지에 있었다. 20일 오후 2~3시경에 응급실 앞에서 직접 목격한 공수부대원을 치료한 적이 있다. 병원 바로 앞에는 광주천이 있고 천변 건너편 큰 길에 나 있는 골목길이 아마 막힌 골목이었던 것으로 생각된다.

처음에 공수부대원 두 명이 학생들을 쫓아 골목길로 학생들이 피하면서 막다른 골목에 이르자 학생들이 오히려 되돌아서서 공수부대원을 공격하여 공수부대원이 쫓겨나오는 처지가 되었다. 그러나 공수부대원들이 큰 길에 나오면 다시 힘을 얻어 골목까지 학생들을 쫓아가곤 했는데 이러한 쫓고 쫓기는 접전이 2~3회 반복되다가 마지막에 많은 시민들이 모이면서 공수부대원 두명은 큰길에서도 도망가기 시작했다.

'공수부대원도 살려야 한다'

그 중 한 명은 잘 도망갔으나 다른 한 사람은 하천으로 뛰어내리다 부상을 입어 도망가지 못해 학생들에게 붙잡혔다. 화가 난 학생들은 그 공수부대원을 무차별로 때렸는데, 마지막에는 어떤 한 사람이 큰 돌을 들어 '이런 자식은 죽여야 한다'면서 내리치려고 했다.

그 순간 가운을 입은 병원 직원들이 큰 소리로 "그래서는 안돼요!" 라고 외치고 다른 구경하던 사람도 "사람은 살려야 한다"고 말려 겨우 돌로 내리치려는 것을 막았다. 그리고 나서 병원 직원들이 들것으로 옮겨 응급실로 데려왔는데 바로 응급처치를 하였으나 반은 죽은 상태였다.

그 후 대부분의 사람들은 그 공수부대원이 죽었을 것으로 생각하고 있으나 당시 그 공수부대원을 어떻게 할까? 고민하다가 통합병원으로 후송하기로 결정했다. 아마 통합병원에서 잘 치료해 나았을 것으로 짐작하고 있다.

당시 상황에서 공수부대 부상자를 통합병원으로 후송하는 일이 쉽지않아 통합병원에 연락하고 병원앰블런스에는 적십자기를 꽂고 출발해 무사히 통합병원 앞에 있는 바리케이트를 통과해 보낼 수 있었다.

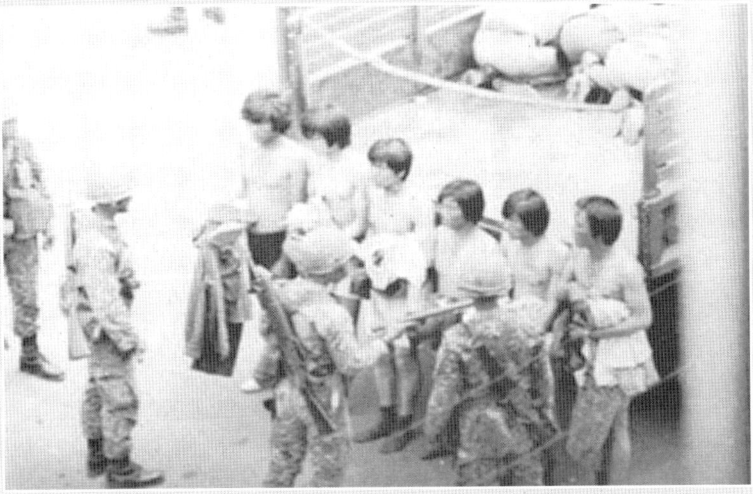

공수부대를 앞세운 신군부의 사전에 훈련 계획된 잔인무도한 방식의 강경진압은 광주시민들을 분노케 하여 이들의 시위 참여를 촉발시켰는데 급기야 시위는 공수부대의 진압에 시민들이 직접 맞서는 양상으로 변해 갔다. 광주 현지 지휘관인 윤흥정 전남북계엄분소장과 정웅 31사단장의 무혈진압 방침 천명이 있었고, 전교사 참모들 역시 내심으로는 강경진압 방침에 반발했다. 이런 기류를 감지한 계엄사 부사령관 황영시 육군참모 차장은 19일 보안사를 통해 좀더 강력한 지시를 내렸다.*

---

* 죽음을 넘어 시대의 어둠을 넘어: 광주민주화운동기념사업회 엮음. 황석영, 이재의, 전용호 기록.

1980. 5. 19. 오전 금남로에 투입된 11공수여단

계엄 부사령관 지시사항. 80. 5. 18. 계엄 부사령관은 전남대학교 소요에 단호한 계엄사의 조치를 보여주기 위하여 보안사 계통에서 전교사령관에게 지휘 조언, 강력하게 다루도록 조치해줄 것을 요망하고 있음.*

오후 3시 이희성 계엄사령관은 청와대에 광주사태 전반의 상황과 더불어 3공수여단의 추가 투입, 20사단 증파 등을 보고했다. 오후 6시 계엄사령부는 3공수여단 5개 대대 1,392명을 광주에 더 증파한다는 지시를 전교사에 내려 보냈다. 현지에서 요청하지 않았지만 계엄사령부가 일방적으로 취한 조치였다.

이렇게 18일부터 21일까지 매일 새로운 부대들이 '축차투입'된 것이다. 18일에는 7공수여단 2개 대대 688명(84명/604명), 19일은 11공수여단 3개 대대 1,200명(162명/1,038명), 20일은 3공수여단 5개 대대 1,392명(255명/1,137명)이 투입돼 공수부대만 3,280명(501명/2,779명)이었다. 부마항쟁 때도 출동한 3공수여단은 공수부대 가운데서도 최정예 부대로 꼽혔다.*

집에 귀가하여 발을 씻고 있는데 광주 MBC가 불탄다 하여 집 옥상에 올라가 보니 멀리서 MBC 건물이 불타는 모습이 보였다.

---

* 죽음을 넘어 시대의 어둠을 넘어: 광주민주화운동기념사업회 엮음. 황석영, 이재의, 전용호 기록.

불에 탄 MBC 방송국(사진: 이창성, 제공: 5·18 기념재단)

항쟁 초기에 MBC 등 방송 언론 등에서 다루기도 사전에 방송국이 불 타버린 것은 혹시 시외전화를 차단한 것처럼 광주의 소식이 외부로 알려지기 전에 사전에 차단하고 들어오지 않았나 하는 의심을 나중에 생각해 보기도 했다.

서울에서 성균관대에 다니는 남동생(박석순)이 시위사태를 피하여 고향으로 온다고 광주로 내려왔다.

나는 너무나 놀랬다. 오히려 광주는 서울보다 훨씬 심각한 상태였는데, 모르고 동생이 내려온 것이다. 집에 도착한 동생에게 어떻게 무사히 집에 도착했냐고 물어봤더니 버스 터미널에서부터 살벌한 분위기였는데 택시 기사가 공수부대원들의 활동영역을 잘 파악하고 있어 집에 안전하게 올 수 있었다고 했다.

그 당시 시내 상황은 살벌하였으며 특히 시내 사무실에 있더라도 젊은 남자는 다 총부리를 들이대며 두들겨 패 다 잡아가는 판이었다. 심지어 산수동 근처 아파트 단지까지 뒤져가며 젊은 남자라면 다 잡혀가서 어떻게 될지 모르는 판이었다. 점점 광주시내 젊은이는 다 말살시킨다는 소문이 돌기도 하였다.

이때 광주 택시운전사들의 활약상은 대단하였다. 내 동생을 비롯하여 공수부대의 관심 대상이 될만한 시민들을 공수부대의 위치를 교묘하게 피하여 안전하게 수없이 모두들 날라 주었다. 수 많은 젊은이들이 공수부대의 총, 칼과 검문 검색을 피하여 안전지대로 숨어 들었다.

박석순 : 그날 기억을 더듬어 보면 정말 끔찍한 일이었어요. 신역(광주역)에서 택시를 탔는데 택시 운전사가 공수부대 욕을 엄청 하고 이리저리 길을 피해서 집까지 가는 길이었어요. 공수부대원에게 검문을 한번 받은 기억이 납니다. 마중 나온 어머니, 아버지께 공수부대원이 학생 없냐고 묻길래 없다 하였고, 난 뒷좌석 아래에 누워 숨어갔던 기억이 있습니다. 그때 택시 운전사가 슬기롭게 잘 대처하여 집까지 무사히 올 수 있었습니다.

그리고 그때 왜 내려 왔느냐고 덕교가 묻길래, 동현이랑 내려오게 되었고, 해신과 영보는 서울에서 할 일이 있다 하여 오지 못했다고 했다. 덕교 친구는 집이 신역 근처였는데 벽장 속에 숨어 지내며 가끔 내게 전화를 했던 기억이 난다. 언제 잡혀 들어갈지 몰라 두려워하던 덕교를 안심시켰던 일과 시내에 집이 있는 친구들은 군인들이 언제 들이닥칠지 몰라 하루하루를 두려움 속에 지내야 했던 시간이었습니다.

화가난 공수부대원들이 한 광주 택시 기사를 잡아(죽이고?) 그 택시를 불태운 다음 충장로 1가 가장 유명한 중국집 왕자관 앞에 하얀 둥근테를 그리고 거기에 타 버린 택시를 보란 듯이 세워놓았다. 또다시 젊은이들을 대피시키면 이렇게 된다는 뜻이었을 것이다. 21일 공수부대가 일제 사격 후 물러간 뒤 나도 왕자관 앞에 가서 하얀 테두리안에 타 버린

불에 탄 택시(동그라미 부분)

택시가 놓여 있는 것을 보았다.

운전기사 정영동은 청년 3명을 태우고 시외버스 공용터미널 앞을 지나는데, 공수대원들이 달려들어 차를 세우고 청년들을 차에서 끌어내려 무자비하게 구타했다. 군인들은 정영동에게 "이 자식도 데모하고 다니는 놈들을 실어다주니 똑같은 놈"이라면서 곤봉으로 후려쳤다. 그는 순간 정신을 잃었다. 깨어보니 시외버스 공용터미널 부근 병원이었다. 응급 치료를 받은 후 다시 공용터미널로 가보았더니 군인들은 보이지 않고, 운전기사들이 한쪽에 모여 공수부대의 만행을 이대로 보아 넘길 수 없으니 힘을 합치자면서, "내일 무등 경기장에서 기사들이 모여 대대적으로 차량시위를 벌이기로 약속했으니 모두 참석하자"고 말했다.

1년 선배이자 동아리 선배인 인턴 최유섭 선배한테서 전화가 왔다. 지금 전남대병원에 대검 등 칼에 찔린 자상 환자가 너무 많아 일손이 부족하니 시내에 나가서 진압군들과 싸우던지, 병원으로 들어와서 일손을 돕던지 양자택일을 하라는 것이었다. 의과대학 전통상 선배 말을 거역하기도 힘들었고 또 공수부대가 집에까지 수색하여 젊은이들을 다 잡아가

죽인다고 하여 집에 있어도 안전하다고 보장할 수도 없어서 병원으로 가기로 했다.

우리 집에서 병원까지 차로 5분 거리도 되지 않지만 무서워서 동네 꼬마들을 앞세우고 골목길로 통해서 무사히 병원으로 들어 왔다. 병원에 들어와 보니 동기생인 정재훈도 이미 와 있었다. 그 당시 나를 비롯하여 polyclinic인 졸업반 의대생들도 몇몇 불려와 있었다.

병원에 들어와 보니 그야말로 수많은 (대검 등 칼에 찔린) 자상환자가 기다리고 있었다. 내가 제일 먼저 맡은 환자는 화순에서 쌀장수하던 사람이라고 했는데, 한쪽 눈알이 공수부대 군화에 밟혀 빠지고 머리가 수없이 대검에 의해 찢어져 있었다.*(맨뒤 부록 참고) 내가 짧은 솜씨로 찢어진 머리를 열심히 다 꿰메고 나니 날이 밝았다.

19일 날은 최초로 광주역 앞에서 발포하여 총에 맞은 총상환자가 들어왔다.* (맨뒤 부록 참고)

---

*

순번	이 름	성별	나이	주소	상 병 명	부상부위	부상원인	부상일자	치료기간	입원유무	☞ 부상장소 ▲ 수술명 ♧ 특기사항 ◈ 후유증	비고
30	김영찬	남	19	광주	우측 하복부 관통상 직장 회장 파열	하복부 수부	총상	5.19	5.19 ~ 12.23	입원	☞계림파출소 앞 ▲ 결장조루술	4:55p
132	이지현	남	30	화순	좌측 안구 파열	좌안	구타	5.21	5.21 ~ 7.26	입원	▲ 안구제거	

1980년 5월 19일 18시 35분,
최초로 김○○(19세, 남, 조대부고 3년생)이
복부에 총상을 입은 채 실려오다.

1980. 5. 21.

정오무렵 임신한 몸으로 남편을 기다리다 계엄군의 총에 맞아 사망한 최미애

1980. 5. 20.

택시운전사들의 시위

5월 20일 날이 밝자 사람들은 역시 금남로로 모여들었다. 뿐만 아니라 그 전날 젊은 학생들을 대피시킨다고 어제 택시기사를 잡아 죽이고 그 택시를 불태워 왕자관 앞에 보란 듯이 세워놨다는 소문이 퍼지며, 실제로 왕자관 앞에 불타 버린 택시를 보고 온 택시 운전사들도 화가 나서 흥분을 감추지 못하고 점점 무등 경기장으로 집결하여 행진을 하듯 금남로로 모여들었다. 오후로 접어들면서 금남로에는 택시들이 가득 모여들기 시작했다. 나중에는 버스도 모여들기 시작하여 시위대의 선봉에 섰다.

버스들을 앞장 세우고 그 뒤에 택시들이 불 밝히면서 금남로 4가까지 버스와 택시가 꽉서 불 밝히면서 경적을 울리는 시위를 하니까 이를 지켜는 나를 포함한 시민들에게도 용기가 났다.

앞장선 버스 위에서는 큰 태극기를 흔들고 있었고 차량들의 경적소리와 불빛이 금남로를 가득 채워 그 동안 엄청난 폭력과, 무자비한 진압, 그리고 착검한 M16 등에 공포에 질렸던 시민들의 가슴에 우리도 그냥 두들겨 맞고만 있지 않고 한 번 해볼 수 있겠구나 하는 마음도 들었다. 당시에는 버스 유리창을 깨고 나무 막대기로 버스 옆을 두드리며 구호를 외쳐댔다. 시민들의 무기라고는 나무 막대기와 함성 밖에 없

1980. 5. 20. 저녁 전남도청앞 금남로: 버스, 택시 시위

었다. 함성 소리도 힘을 받아 온 광주 시내가 쩌렁쩌렁하게 울리는 듯하였다.

전남대병원은 도청 뒤 11층 건물이어서 도청앞 대형 직선 도로인 금남로의 대규모 차량 시위의 불빛이 훤하게 잘 보였다.

차량시위는 광주와 온 금남로의 저녁을 밝혔다.

1980. 5. 21.

도청앞 집단발포

1980.5.21. 새벽 02시 진압군에게 123 만발의 총탄이 지급되었다 한다. 개인당 20발씩.

그 중 51만 발이 소진되었다고 한다. 자국의 국민들에게 51만발의 총탄을 쏘다니.**

수원과 사천 비행장 공군에 공대지 폭격를 준비시키고 대기시켰다 한다. 해병대도 이동 준비했다고 한다. 5.18 광주항쟁기간에 동원된 헬기가 3type(UH-1, 500MD, AH-1J 일명 코브라 헬기 5대)으로 모두 31대가 동원되었으며 이는 그 당시

** JTBC 뉴스룸

국군 헬기의 1/3이 출동된 거라고 한다.

군 자료인 <광주소요사태 분석(교훈집)-항공작건 지원 내용>에 1980년 5월 29일까지 광주일원에 헬기 31대가 운용됐다고 기록되어 있다.

공군참모총장의 지시에 의해 21일 광주공군비행장에 F-5 2대를 무장한 채 출격대기 시켰다는 문건이 발견됐다.(2017. 10.26. JTBC 뉴스룸)

1980.5.21. 날이 밝았다. 밝고 푸르른 맑은 날이었다. 부처님 오신날을 기념하는 석가탄신일이었다. 전남대병원 11층 숙소에서 오늘은 무슨 일이 있으려나 걱정반 우려반으로 창밖을 내려다보고 있었는데 이상하게 아침부터 헬기가 도청앞 광장 마당에서 계속해서 떠오르고 반복하는 듯하였다. 아마 중요한 서류를 피신시키고 있지않나 생각이 들어 오늘은 무슨 큰일이 일어날 것 같은 불안감이 문득 들었다.

여전히 시민들은 날이 밝자 금남로로 모여 들어 시위를 계속하고 있었고 도청 분수대 앞으로 공수부대가 2열 배치되어 대치하고 있었다. 보통 때와 별 다른 모습은 없었고, 시위대의 구호 소리는 높아져 갔고, 주변에 군데군데 어제 저녁 차량 시위의 흔적들이 널려 있었다. 시위대의 높아가는 구호 소리와 함께 100만 시민들의 관심은 온통 금남로로 쏠려 있었다.

1980년 5월 21일 전두환 보안사령관이 헬기를 타고 점심때(12시쯤)에 광주제1전투비행단에 착륙하였다. 착륙하자마자 정보원에게서 바로 연락이 왔다. 전두환 보안사령관을 기다리고 있던 정호용 특전사령관, 505 보안부대장 이재우 대령 등과 전투 비행단장실에서 만나 회의를 했고, 거기서 사살 명령이 하달됐다고 보고했다. 회의가 끝나고 전두환 보안사령관이 헬기를 타고 광주를 떠나자 오후 1시경 도청앞 집단 발포가 시작되었다. 이것은 미육군에 그대로 보고된 사항이다.(당시 주한 미육군 정보대대요원 김용장씨 증언 2019.03.14. Jtbc 8시 저녁 뉴스)

1980년 5월 21일 전두환 보안사령관이 광주에 온다고 하여 505 보안부대 청소지시가 내려옴. 아마 사령관이 바빠서 505 보안부대 들르지 못할 것 같다고 함. 전교사도 못들르고 광주제1전투비행단으로 가셨다고 505 보안부대장에게 들었다고 진술함.(당시 505 보안부대 특명반 허장환씨 증언. 2019.03.14. Jtbc 이규연의 스포트라이트)

시민 사살하는 시범보인 5.18 계엄군의 만행

(2019.04.25. Jtbc 뉴스룸)

Jtbc 의 보도에 따르면 국방부가 1985년과 1988년 작성한 '11공수 상황일지'에는 "시민 1명이 버스를 몰고 분수대를 돌아나가려 할 때 그 자리에서 사살, 폭도들 앞에서 시범을 보였다."는 내용이 적혀 있다.

당시 공수 부대원의 수기는 상황을 더 자세히 묘사했다. 버스가 다가오자 대대장이 '저건 죽여도 좋다.'고 사살 명령을 내렸다. 중대장은 병사에게 실탄을 줬고, 병사는 조준 사격으로 운전하던 시민을 사살했다. 그러다보니 시민들이 감히 도청을 향해 돌진해 오지 못했다. 그리고 나서 잠시 후 계엄군의 일제 사격이 시작됐다.

사격자세는 앉아 쏴 자세였다.

오후 1시 애국가 소리가 들리면서 갑자기 공수부대 총신에서 불빛이 번쩍번쩍 쏟아져 내렸다. 너무나 놀래 가지고 무서워서 11층 창문으로 눈만 빼꼼이 내밀고 눈이 뚫어져라고 쳐다봤다. 백주대낮에 100만 시민을 향해 자국의 군대가 일제 사격을 해버린 것이다.

좌측 YMCA 건물 옥상에서도 불빛이 번쩍번쩍 하였다. 우측 전일빌딩 옥상에서도 금남로를 향해 불빛이 번쩍번쩍 하였다.

아마도 저격병들을 옥상에 배치하고 금남로 시민들에게 일제 사격을 실시한 것 같았다. 그리고 나서 30-40분 쯤 지나서 헬기들이 금남로 등을 향하여 번갈아가면서 사격이 있었다.

도청 위에서 날아들어 금남로를 향하여 사격을 했으며 한참 있다가 우측 노동청 쪽에서 날아들어 전일빌딩을 비롯한 금남로를 향해 기총사격을 갈겨댔다.(JTBC 이규연의 스포트라이트 2017.09.21. 방영)

당시 505 보안부대 특명반 수사요원 허장환 씨는 금남로 옥상에서 사격이 진행되는 것을 보고 있었는데 공수부대가 무릎앉아쏴 자세로 일제사격을 실시하는 것을 보고 조준사격을 하고 있구나 하고 직감했다고 한다. 일반적으로 시위대에 의해 물러나면서 사격할 때는 서서쏴 자세이나 이날은 조준사격 자세인 무릎앉아 쏴 자세로 일제 사격을 하는 것을 보았다고 했다.(2019.03.14. Jtbc 이규연의 스포트라이트)

헬기사격마저 계속되자 금남로의 시위대 사람들은 썰물처럼 빠져 나갔다. 이는 아마도 도청앞 공수부대가 시내 외각으로 빠져나가는 퇴로를 확보하기 위함이 아닌가 생각된다.

일제 사격 후 공수부대 일부는 전남대병원 옆 학동길로 양

쪽으로 사격을 하면서 빠져 나갔다. 전남대병원 아래층 수술실, 외래 등으로도 총알이 날아들었다. 공수부대가 퇴각하면서 있을지 모르는 주변 건물에서 어떠한 위협이 가해질지 모른다고 생각했는지 퇴각하는 길 주변에 일제 사격을 하면서 지나갔다. 공수부대는 시민을 향해 일제 사격 후 시 외각으로 빠져나가 광주시를 포위하였다.

전남대병원의 기록

노성만 (1980년-전남대학교병원 정형외과 조교수,
2017년-전남대학교 의과대학 명예교수)

지금의 전남대병원은 그때와는 전혀 다른 건물이다. 정형외과는 1층(구 본관 1층)에 있었다. 계엄군의 발포 후 시민군이 무장하게 되자, 계엄군은 화순 방향으로 물러나야 했다. 공포탄이 아닌 실탄을 정형외과가 있는 건물을 향해 수평으로 들고 쏴 버렸다. 2층에 불이 켜져 있었다. 그것을 본 계엄군은 건물을 향해 돌아가면서 쏘아 댔고, 건물에 있던 마취과 과장님과 나, 그리고 조영국 원장님 또 누군가와 넷이 있었다. 총소리가 나자 우리는 누구나 할 것 없이 바닥에 엎드렸다. 원장님과 나와 나란히 엎드린 사이로 총알이 지나갔다. 등골에서 식은 땀이 흘러내렸다. 우리 사이를 지나간 총알은 벽에 맞으며 박혔다. 일어나려고 했지만, 다리에 힘이 빠져 일어설 수 없었다. 살아 있는 것만으로도 다행이라고 생각했다.

계엄군은 환자와 의사밖에 없는 병원을 향해 총을 난사했다. 정문 쪽 1층에 있는 정형외과는 캐비닛은 물론이고 모든 기기가 총구멍이 숭숭 뚫려버렸다. 계엄군은 시민군이 병원에는 총을 쏘지 않을 것을 계산하고 숨어들었을 수도 있다는 가정 하에 퇴진하면서 총질을 했던 것 같다. 계엄군에 실망하지 않을 수 없었다. 아무리 적군이라 하더라도 병원에 총질할 수 있다는 그 생각 자체가 비인도적인 행위가 아닌가!

한참 뒤 정신 차리고 정형외과가 있는 1층으로 내려갔다. 총으로 난사당한 물건들이 여기저기 흩어져 있었다. 그 중에 가장 기억에 남는 것은 총구멍이 난 가운이었다. 캐비닛 안에는 이름표가 있는 가운도 있고, 이름표가 없는 가운도 있었다. 캐비닛을 뚫고 들어간 총알은 그 안에 있는 가운에 모두 총상을 남겼다.

총을 맞은 캐비닛에는 총을 쏘았던 날짜와 시간이 적혀 있다. 왜 그랬는지 모르겠고, 그 때 내가 직접 썼던 것인지, 옆에 있는 사람에게 시켰던 것인지 기억나지 않지만, 총을 쏜 날짜와 시간을 총구멍 옆에 적었다. 다만 내 이름은 적지 않았다. 나중에 또 다른 불이익이 있을 지도 모른다는 생각이 들었던 모양이다.

캐비닛을 뚫고 들어간 총알 흔적. 전남대학교 5·18기념관에 전시되어 있다.

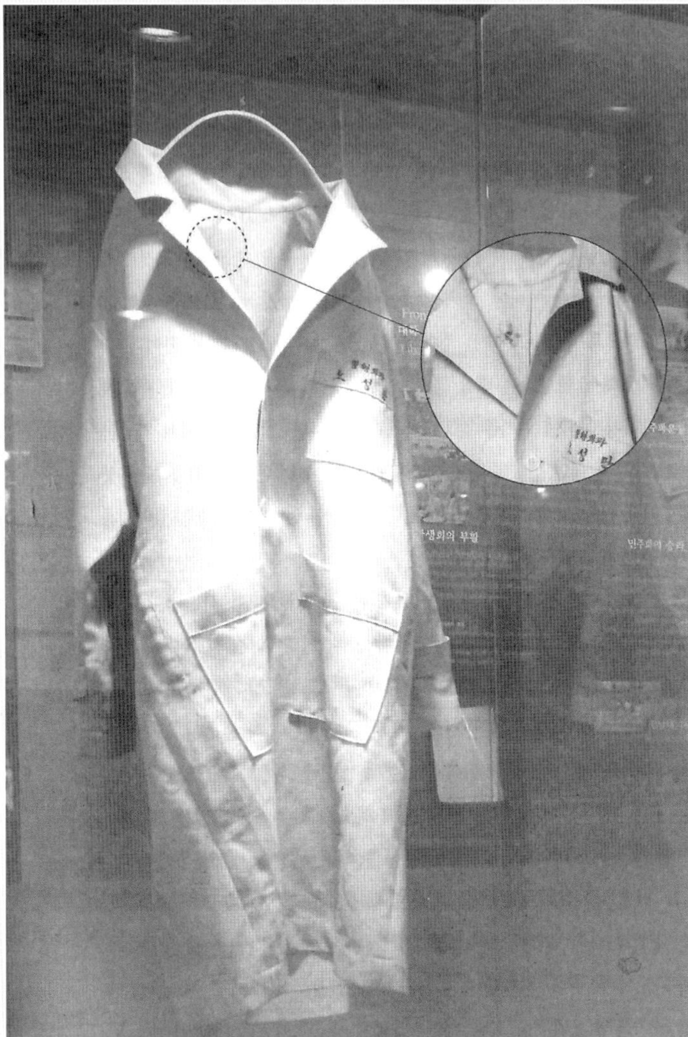

가운이 들어있는 것이 철제 캐비닛. 좋지는 않았지만 총 맞아 뚫리고 열어 보면 가운을 뚫고 나가면서 병원 벽이 총을 맞았다는 것, 그것은 병원에 총을 쐈다는 근거가 되는 것이다.

처음에는 헬기가 낮게 날면서 시위에 기총사격을 하였다. 나중에 시민군들이 무장하기 시작하자 헬기가 하늘높이 올랐다.

이때 시민들은 총알이 쏟아지는 것을 보고 “아! 우리도 이대로 죽을 수는 없다”하여 무장을 하기로 하였다. 그래서 공수부대의 포위망을 뚫고 화순, 담양, 장성, 나주 등으로 경찰서 무기라도 탈취하여 무장하기 위해 포위선을 뚫고 나갔다. 이렇게 지방으로 나가는 시민 차량들을 향하여 무장헬기에서 사격을 해댔다.

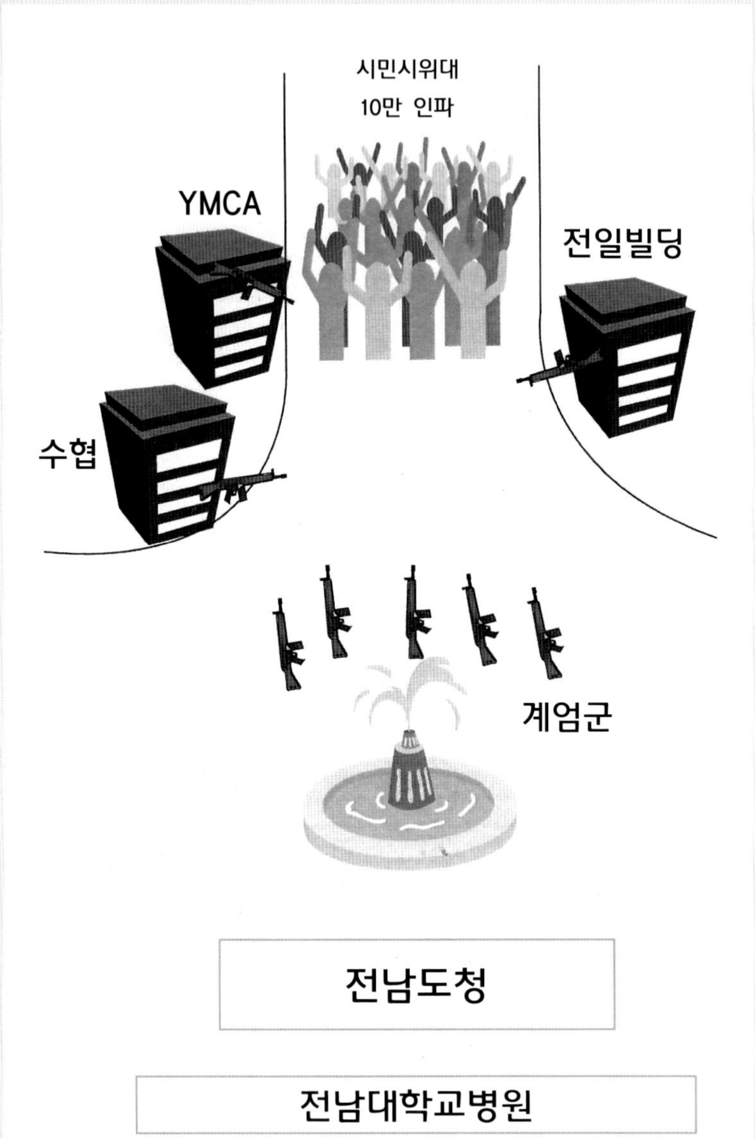
시민시위대
10만 인파
YMCA
전일빌딩
수협
계엄군
전남도청
전남대학교병원

육군 61항공단과 31항공단 헬기 조종사들이 벌컨포와 기관총으로 무장한 채 7.62mm 기관총 2000발 씩을 싣고 광주로 출동했다고 진술했다.(이들은 모두 헬기 사격사실을 부인했다.) 한국군이 보유하고 있던 8대 코브라 헬기 중 5대를 광주에 요청했다고 한다.** 당시 헬기 기총소사를 하면 가로수가 팍팍 나갔다. 포위망을 뚫고 나가는 차량들에게 공수부대가 집중 사격을 해서 수많은 사람들이 집단으로 다치고 죽었다.

수많은 사람들이 사망했다하며 그중 일부는 화순 너릿재 부근 야산, 광주교도소 담벼락 등등 부위에 암매장하였다 하고 일부는 전남대병원으로 집단시체가 되어 실려 왔다. 살아남아 부상입고 수술 받은 환자들에게 들은 이야기다.

아시아 자동차 공장의 무기나 차량 등을 탈취하여 예비군의 실력으로 상당한 무장을 하기 시작하였다. 시민들이 무장하여 총을 쏘기 시작하자 낮게 날면서 사격을 하던 헬기가 하늘높이 훨씬 높게 날기 시작했다.

믿을 수 없는 일이 눈앞에서 벌어진 것이다. 순간 금남로는 피바다가 되었고 모든 시위대는 썰물처럼 사라져 갔다. 이것을 보고 있는 순간 난생 처음으로 죽음의 두려움이 사라져

** JTBC 뉴스룸

버렸다.

이 개새끼들 이왕 죽을 목숨 맨 주먹이라도 달려가 죽여버리고 싶었다.

그런데 그 순간 공수부대가 시위곽으로 빠져 나가자마자 도청에서 5분 거리인 우리 전남대병원으로 총상 환자들이 쏟아져 들어 왔다. 그 순간 정신을 바짝 차리고 병원 지휘부의 통제를 따랐다. 당시 전남대병원 입원 베드 수는 600병상이었다. 모든 입원 환자들에게 양해를 얻었다. 지금 총상환자들이 쏟아져 들어오니 bed를 양보해 달라고. 대부분이 동의해 주었다. 그래서 모든 bed를 있는데로 병원 로비를 거쳐 그 앞 분수대까지, 그리고 더 나아가서 들어오지도 못하는 환자를 위해서 병원정문까지 침대를 밀고 나갔다. 환자의 이름을 적을 시간이 없으므로 병원 지휘부에서 알파벳 숫자 고유번호만 적어 이름표를 대신했다. 병원 입구부터 분수대를 지나 병원 로비를 거쳐 응급실, 그리고 3층 수술실 올라가는 계단, 계단 모두에 침대가 놓였고 거의 전원 총상환자였다. 심지어는 수술 중인 수술실 복도까지 총상환자가 침대에서 자기 빨리 수술해라고 아우성이었다.

거의 3박 4일 동안 한숨도 자지 못하고 계속 수술을 하였다. 거의 대부분 총상 환자였으며, 수술이 급박한 환자가 대부분이어서 수술기구를 소독할 시간이 없어서 소독액에 씻어서 계속 수술할 수밖에 없었다. 거의 수백 명의 총상 환자가

21일 당일 들어왔으며 그 중 31명이 사망한 것으로 알고 있다. 기구를 소독하지 못하여 나중에 수술부위에 염증이 생긴 환자가 부지기수였다. (5·18 관련 사상자: 광주시 의사회 자료: 전대병원 300명, 적십자병원 250명, 기독병원 143명, 국군 통합병원 200명, 조대병원 20여명, 개인병원 최소 140명으로 최소 약 1,000여 명이다.)

나는 제일 막내라서 3박4일 동안 수술실 바닥에서 계속 기브스를 만들었다. 그때만 해도 구식 기브스여서 필요한 만큼 3번 접어서 잘라 물에 담궜다가 모양을 대고 손으로 다듬는 재래식 기브스였다.

원래 시위대를 향한 자위권 발동의 사격이라면 전투교범에 반드시 무릎아래를 쏘기로 되어 있는데 이날 쏟아져 들어온 환자들의 대부분은 가슴과 복부의 총상이 대부분이었다.

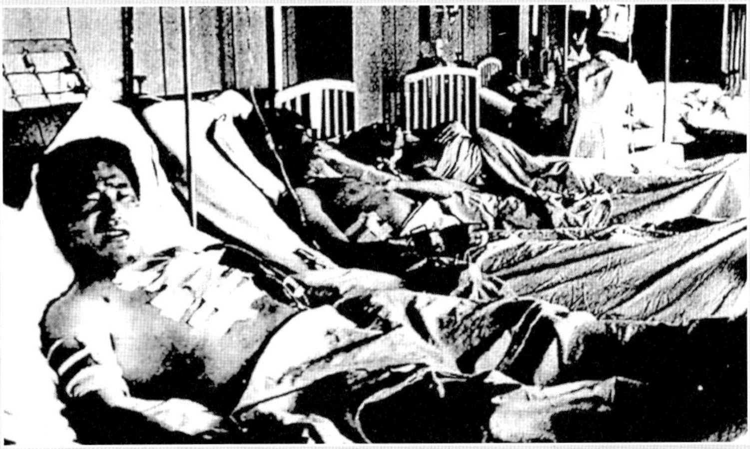

가슴부위의 총상환자

1980.5.21. 이날 전남대병원에 쏟아져 들어온 환자들은 대부분 가슴과 복부의 총상환자였다.

출혈환자가 너무 많아 혈액이 턱없이 부족했다. 시민 시위대에게 이말을 했더니 짚차를 타고 마이크를 들고 시내 한바퀴를 돌고 오겠다고 했다. 잠시 후 남녀노소 할것없이 너무나 많은 시민들이 몰려와서 헌혈백이 모자라 다 받지 못하고 돌려보냈다.

헌혈하고 돌아가던 여학생이 사격 총탄에 맞아 즉사해 다시 실려 왔다. 그 여학생은 고등학생 교복을 입고 있었는데 한쪽 얼굴이 날아가 버린채 사망하여 다시 실려 왔다.

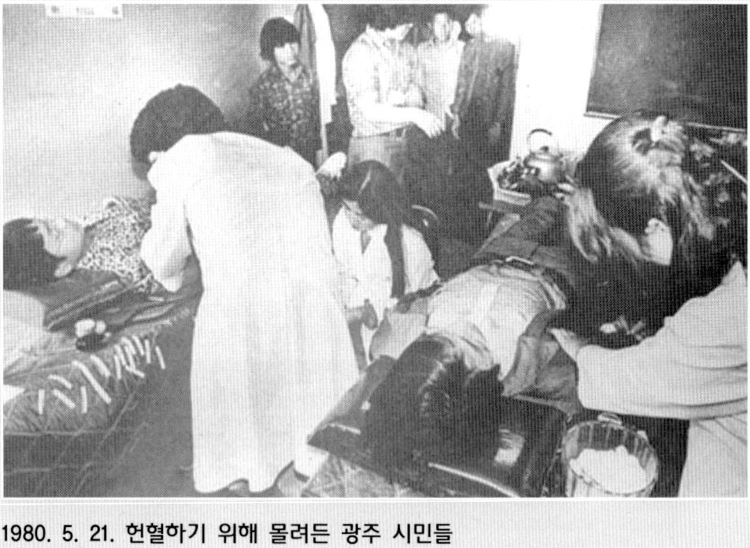

1980. 5. 21. 헌혈하기 위해 몰려든 광주 시민들

이 여고생은 헌혈하고 나서 수송차로 소태동 부근을 지나가다가 도청에서 퇴각하면서 미친 듯이 휘갈겨 쏘아대는 공수부대 장갑차의 기관포에 머리를 맞고 참담한 모습으로 산화했다 한다.*** 그 소식을 듣는 순간 분노를 참을 수 없었다. 그렇지만 내가 할 수 있는 것은 환자를 돌보는 것이기 때문에 모든 힘과 정성을 다하여 일했고 마치 전투에 임하듯이 모두들 열심히 하였다. 나는 바빠서 3박 4일 동안 수술실 바닥에서 잠을 잘 수밖에 없었다.

3박 4일 수많은 환자를 수술하고 치료하다보니 병원내 항생제가 떨어져 버렸다. 더 이상 투입할 수가 없었다. 병원내 식량도 떨어져 버렸다. 할 수 없이 며칠 굶을 수밖에 없었다. 내가 머리를 꿰맨 한눈 빠진 키큰 환자****(맨뒤 부록 참고)가 자기가 포위선을 뚫고 화순으로 가 쌀을 가져올 테니까 공수부대와 다시 한번 붙자고 해서 웃기도 하였다.

공수부대는 시내를 빠져나가 광주시 외곽을 포위하고 진을 치고 있었다. 광주는 분지형 도시라서 화순 너릿재, 장성

*** 5.18 의료활동(자료기록 및 증언); 광주광역시의사회
김성봉 : 김성봉 외과의원장. 당시 광주기독병원 외과과장 겸 응급실장

****

순번	이름	성별	나이	주소	상병명	부상부위	부상원인	부상일자	치료기간	입원유무	☞ 부상장소 ▲ 수술명 ♧ 특기사항 ◈ 후유증	비고
132	이지현	남	30	화순	좌측 안구 파열	좌안	구타	5.21	5.21 ~ 7.26	입원	▲ 안구제거	

터널, 담양고속도로, 나주 관문 등을 통제하면 완벽하게 포위할 수 있었다. 아마 작전 개시전부터 이점을 고려하지 않았나 생각된다.

3박 4일 동안 잠도 못자고 정신없이 수술에 매달리고 나니 어느 정도 환자가 정리가 되어 한숨 돌릴 수 있었다. 그러나 외곽이 완벽하게 차단된 광주시내 사람들의 마음은 탈출구가 없었다. 광주시민을 전원 몰살할 거라는 소문이 돌았다. 아무리 생각해봐도 광주시 외곽을 뚫고 탈출하기는 불가능할 것 같았다. 외곽으로 탈출을 시도하려다 몰살당한 시체와 총살 환자가 계속 들어왔다. 나도 탈출은 이미 늦었다고 생각하고 포기하고 있었다.

광주의 포위상태

그 당시 광주는 분지형태의 도시라서 사방을 포위하면 완벽하게 고립시킬 수 있는 도시였다.

담양방면으로 빠져나가는 광주순천 고속도로는 터널이 있어 차단된다. 광주·담양 국도는 교도소 앞 3공수가 참호를 파고 지키고 있어 접근 불가하다.

화순 방면으로 나가려 해도 너릿재 터널이 차단된다. 실제로 화순 방면으로 탈출을 시도하려던 시민 가족들이 너릿재 못미쳐 주암 마을에서 집단 사격을 받아 전남대병원으로 후

송되어 왔다.

나주 방면으로 나가려 해도 진월동 양쪽 산기슭에 매복된 공수부대의 총격에 다수의 사상자가 발생하여 병원으로 실려 왔다.

송정리쪽으로 탈출하려고 해도 국군 통합병원 앞부터 공수부대가 바리케이트를 치고 완벽히 차단해 버렸다.

전남대 병원 안에서 사방에서 탈출 시도하다가 총상을 맞고 실려오는 환자들의 이야기를 들으면서 이제 광주는 완전히 포위되어 탈출은 개죽음이었다. 고립무원으로 포위된 나를 포함한 광주 시민들의 마음은 절망 그 자체였다. 시외로 빠져 나갈 바늘구멍 하나 찾기도 힘들었다.

그래도 혹시나 하고 탈출을 시도하는 무리들이 계속 이어져 많은 희생자를 냈다. 그 중에서 담양방면으로 탈출을 시도하다 다수가 희생됐다.

그 당시 담양 쪽으로 탈출을 하기 위해서는 광주교도소 앞을 지나가야 했다. 광주교도소 우측으로 광주·순천 고속도로가 있다. 그러나 이 고속도로는 터널로 막혀 있다. 그리고 그 고속도로는 교도소가 있는 평지보다 약 11m 높이 위치하여 차량을 몰고 고속도로에서 교도소로 돌진할 수 없다. 불가능하였으며 그런 시도도 없었다. 교도소 좌측 광주·담양 국도에서는 교도소 주변에 3공수가 참호를 파고 지키고 있어서 접근 불가능하였다. 그래도 간헐적으로 탈출을 시도하려는 시민들이 있어 3공수의 사격에 수많은 사상자를 냈다. 그때 사망하여 교도소 담장에 약 28구의 시체를 암매장했다고 합니다.(당시 광주교도소에 배치된 3공수 신순용 소령 증언 / 2019.03.14. Jtbc 이규연의 스포트라이트)

그러나 신군부는 이것을 폭도들의 광주교도소 습격사건이라고 하였다.

한가할 때 시내 구경도 가보았다. 전남대병원에서 바로앞이 도청이라 걸어가도 10분거리다. 왕자관 옆에 하얀 동그라미 안에 타버린 택시를 세워둔 것을 보았다.

3박 4일 동안 병원에서 환자에게 매달리면서 환자들의 입을 통해 시내상황을 전체적으로 알아갈 수 있었다. 점심시간에는 도청앞 시민 궐기대회에 매일 가보았다. 고립무원으로 고립된 시민들은 자체적으로 시민군을 만들고 지휘부를 구성하여 시민자치에 들어갔다.

5월 27일 광주기독병원 응급실에 경찰 한사람이 복부총상으로 수송되어 왔다. 이 사람은 계림동 파출소 부근에서 시민군이 쏜 총에 맞았다. 즉시 개복수술을 하여 총알을 찾아냈다. 다름 아닌 카빈 총탄이었다. 반면에 시민들의 총상에서 뽑은 총알은 모두 맞으면 쉽게 터져 산탄처럼 되는 M-16 납탄이었으며 카빈의 강철탄은 한 건도 본 일이 없었다. 즉 시민들끼리 교차사격에 의한 부상은 없었으며 시민들에 대한 사격은 모두 군인들이 쏜 총알이었다는 증거가 될 수 있다. 더구나 1977년 제네바 협약에 의해 적군에게도 사용 금지된 납탄을 광주시민에게 쏜 것이다.(5·18 의료활동 : 광주광역시의사회) (2017.9.28. JTBC 뉴스룸 방송)

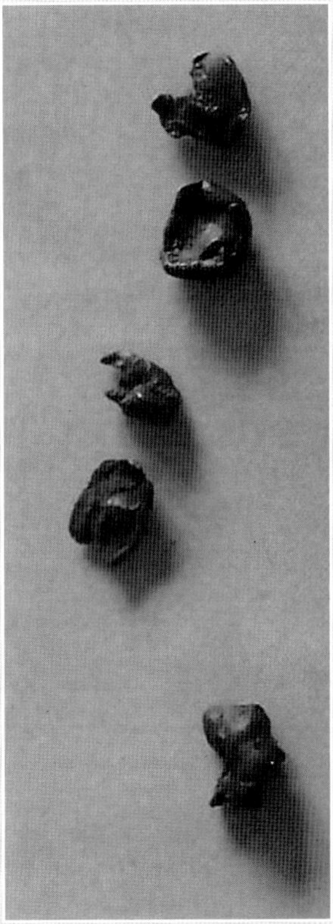

부상자들로부터 적출해 낸 탄환(기독병원)
1977년 제네바 협약에 의해 적군에게도 ▶
사용금지된 탄환

1980. 5.

독침사건

응급실로 자기가 북한괴뢰군의 독침을 맞았다고 맞은 독침을 들고 환자가 들어왔다. 독침이라고 들고 온 것이 옥수수깡 장난감같이 허접하여 도무지 믿어지기가 쉽지 않았다. 일단 그 독침을 성분 분석하기 위해 받아서 냉장고에 넣고 환자 치료를 했다. 환자는 상처도 눈에 띄는 게 없었고, 독에 의한 여러 가지 allergy 증상 중 하나도 나타나지 않았다. 혈액검사도 실시하고 치료 관찰하였다. 그런데 얼마되지 않아 그 환자가 독침과 함께 사라져 버렸다. 전시 상황과 다름없는 응급실 상황이라서 그 환자가 괜찮으니까 귀가했겠지 하고 미루어 짐작했다.

그런데 그날 밤 TV에서 광주시에 독침을 가진 북괴군이 침투하였으며 이로 인해 독침에 찔린 환자가 전남대병원에 입원하였다고 크게 뉴스에 났다. 도무지 이해가 되지 않았다. 어떻게 다른 소식은 거의 전해지지 않으면서 이런 소식은 금방 크게 전해지는가? 또는 그 뉴스를 만들기 위해 일부러 독침에 맞았다고 응급실에 오지 않았나 의심이 갔다.

그렇지만 확실한 증거도 없어 독침도 몰래 가져가 버렸기 때문에 뭐라고 언급할 수도 없었다.

505 보안부대장이 독침에 맞았다는 시민군 장씨를 내게 데려와서 이를 보호하라고 하였다. 독침은 모나미 볼펜으로 만든 가짜로 판명 났다. 명령을 받는 순간 우리가 파견한 프락치구나 직감했다. 나중에 그는 보안부대 유치장에서 시민군 간부 색출 작업에 앞장섰다.(그 당시 505 보안부대 특명반 허장환 증언. 2019.03.14. Jtbc 이규연의 스포트라이트)

독침에 맞았다는 시민군의 정보부장

류재광 (1980-전남대학교병원 인턴, 2017-목포 한국병원 원장)

진압군이 들어오기 전날 즉, 26일 오전에 응급실 당직근무를 하고 있는데 젊은 남자가 응급실에 들어오더니 소리를 지르며 쓰러졌다.

"아, 나 독침을 맞았어!" 가까이 다가가 독침을 맞았다는 남자의 등을 살펴보았다. 독침을 맞았을 때 생기는 피부발진 등의 증상이 전혀 보이지 않았다. 자신을 시민군의 정보부장이라고 밝힌 남자를 차트에 적고 돌아서는데, 눈에 익은 얼굴의 중년 여자가 독침을 맞았다는 남자를 향해 울부짖으며 응급실로 들어왔다. 그 여자는 남동의 한 술집 주인이었다. 내가 본과 4학년 때 선배들을 따라 끌려간 술집에서 이런저런 이야기를 나누었던 주인 여자였다. 나만 그 여자를 알아봤을 뿐 상대 여자는 나를 전혀 알아보지 못하는 것 같았다. 여자는 악을 쓰며 울었다.

독침을 맞은 젊은 남자가 자신의 아들이라고 했다. 다른 환자를 보고 돌아왔을 땐, 여자와 남자는 없었다. 그러고 나서야 여자가 자신의 남편이 정보과 형사라고 말했던 것이 생각났다. 독침을 맞았다며 응급실을 찾았던 남자는 전두환 정권이 시민군 사이에 심었던 프락치였던 것으로 의심된다. 27일, 시민군이 도청 지하에서 터뜨리겠다던 폭탄은 터지지 않았다.

계엄군은 프락치를 통해 도청 지하에 폭탄이 있다는 사실을 이미 알고 있었다. 그리고 미리 뇌관을 프락치를 통해 제거했다고 들었다. 프락치 짓을 하던 남자는 독침에 맞았다며 도청 시민군으로부터 빠져나와 응급실에 온 뒤 조용히 도망친 것 같았다.

5월 30일에 505보안대에서 나를 불렀다. 당시 육군 중령 출신이셨던 박찬진 교수님이 학생 과장으로 있었다. 박찬진 교수님을 따라 505보안대로 갔다. 그곳에서 대공 과장 서○○ 중령을 만났다. 나는 독침을 맞았다던 남자와 관련된 모든 내용을 진술했다.

"제가 보기엔 독침을 맞은 것이 아니었습니다." 서○○ 중령이 대답했다.

"우리도 조사를 해봤는데 대공 용의점은 없었습니다."

진술을 마치고 돌아온 이후, 이 사건과 관련하여 이상한 내용의 기사들이 쏟아지기 시작했다. 북한에서 간첩이 내려와 독침을 쏘았고, 5·18은 북한과 연루되어 있다는 내용의 기사였다. 보안대에서는 프락치를 통해 이미 모든 걸 다 알고 있었고, 형식적인 조사를 위해 나를 불러들인 것 같았다.

1980.
5. 22.~26.

포위된 광주에서 5일간 매일 계속된 시민궐기대회 및 미함대 부산 입항소식

포위된 광주시내에서는 5일간 매일 다섯 차례 시민궐기대회가 열렸다. 나도 점심 때는 나가서 시내 상황도 구경하고 시민궐기대회에서 무슨 소리를 하는지 들어보았다. 고립무원이 된 고도와 같은 포위된 광주시내에서 서로를 위로하고, 누군가 우리를 구원하러 올 거라 희망하면서 서로 힘을 내자고 하기도 하였다.

어느 날 점심때 여전히 시민 궐기 대회에 가보니 도청앞 시민들이 술렁술렁 하고 있었다. 무슨 소식이냐고 주변 시민들에게 물어 보았더니 미함대가 부산에 입항하였다는 것이었다.

도청앞과 충장로 입구 왕자관옆 벽에 여러 장의 벽보가 붙어 있었다. 내용인 즉은 부산항에 미함대가 상륙했다는 것이었다. 시민들은 미군들이 곧 광주 시민들을 구하러 올 것이라고 일말의 희망을 걸고 흥분하면서 크게 기대하고 있었다.

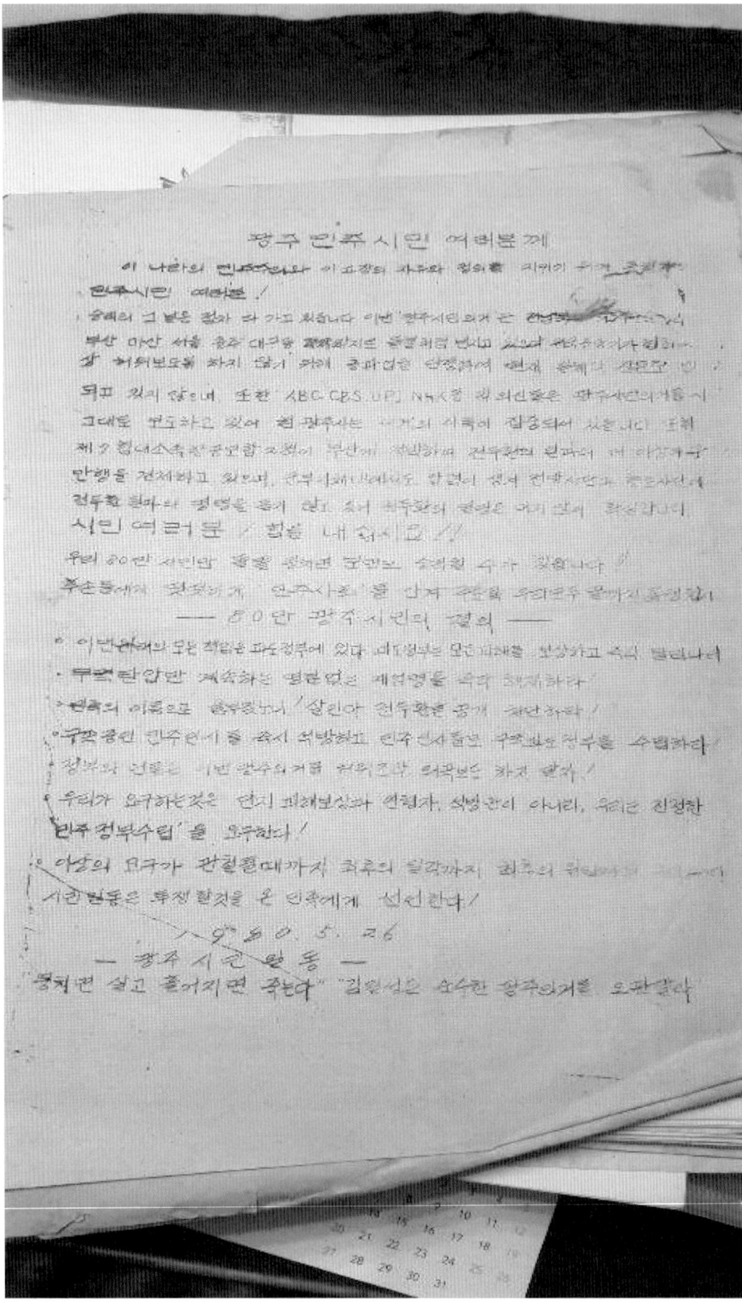

광주 민주 시민 여러분께

이 나라의 민주주의와 이 고장의 자유와 정의를 지키기 위해 [illegible] 민주시민 여러분!

[illegible] 이번 광주시민의거는 [illegible] 부산 마산 서울 광주 대구 등 [illegible] 보도를 하지 않기 위해 [illegible] 되고 있지 않으며 또한 ABC CBS UPI NHK 등 각 외신들은 광주시민의거를 [illegible] 그대로 보도하고 있어 현 광주사태는 세계의 시목이 집중되어 있습니다. 또한 제7함대소속 항공모함 [illegible] 부산에 [illegible] 전두환의 [illegible] 만행을 견제하고 있으며, [illegible] 전두환 [illegible]

시민 여러분! 힘을 내십시요!!

우리 80만 시민만 뭉쳐 [illegible] 승리할 수가 있읍니다!

후손들에게 떳떳하게 '민주사회'를 안겨 주도록 우리 모두 끝까지 투쟁합시다.

— 80만 광주시민의 결의 —

○ 이번 사태의 모든 책임은 과도정부에 있다. 과도정부는 모든 피해를 보상하고 즉시 물러나라

○ 무력탄압만 계속하는 명분없는 계엄령을 즉각 해제하라

○ 민족의 이름으로 살인마 전두환을 공개 처단하라!

○ 구속중인 민주인사를 즉시 석방하고 민주인사들로 구국과도정부를 수립하라!

○ 정부와 언론은 이번 광주의거를 허위조작 왜곡보도 하지 말라!

○ 우리가 요구하는 것은 단지 피해보상과 연행자 석방만이 아니라, 우리는 진정한 '민주정부수립'을 요구한다!

○ 이상의 요구가 관철될 때까지 최후의 일각까지 최후의 [illegible] 시민 일동은 투쟁할 것을 온 민족에게 선언한다!

1980. 5. 26

— 광주 시민 일동 —

"뭉치면 살고 흩어지면 죽는다" "김일성은 순수한 광주의거를 오판말라"

광주 민주시민 여러분께

이 나라의 민주주의와 이 고장의 자유와 정의를 지키기 위해 ○○○

민주시민 여러분!

승리의 그날은 점차 와 가고 있습니다. 이번 "광주시민 의거"는 전남북의 ○○○

부산 마산 서울 충주 대구 등 전국 각지로 들불처럼 번지고 있으며, 전국 중앙기자협회는 더 이상 허위보도를 하지않기 위해 총파업을 단행하여 현재 일체의 신문도 발행되고 있지 않으며, 또한 ABC CBS UPI NHK 등 각 외신들은 광주시민의 의거를 시시각각 그대로 보도하고 있어 현 광주시는 세계의 이목이 집중되어 있습니다. 또한 제7함대 소속 항공모함 2척이 부산에 정박하여 전두환 일파의 더 이상의 ○○ 만행을 견제하고 있으며, 군부 자체 내에서도 알력이 생겨 전방사단과 향토사단이 전두환 일파의 명령을 듣지않고 있어 전두환의 멸망은 머지않아 확신합니다.

시민 여러분! 힘을 내십시오!!

우리 80만 시민만 똘똘 뭉치면 분명코 승리할 수가 있습니다.!

후손들에게 떳떳하게 민주사회를 안겨 주도록 우리 모두 끝까지 투쟁합시다.

80만 광주 시민의 결의

이번 사태의 모든 책임은 과도 정부에 있다. 과도정부는 모든 피해를 보상하고 즉각 물러나라!

무력탄압만 계속하는 명분없는 계엄령을 즉각 해제하라!

민족의 이름으로 울부짖노니! 살인마 전두환을 공개 처단하라!

구속 중인 민주인사를 즉시 석방하고 민주인사들로 구국과도 정부를 수립하라!

정부와 언론은 이번 광주의거를 허위조작, 왜곡보도 하지 말라!

우리가 요구하는 것은 단지 피해보상과 연행자 석방만이 아니라, 우리는 진정한 '민주정부 수립'을 요구한다.!

이상의 요구가 관철될 때까지 최후의 일각까지, 최후의 일인까지 우리 광주 시민 일동은 투쟁할 것을 온 민족에게 선언한다.!

1980. 5. 26.

광주시민 일동

"뭉치만 살고 흩어지면 죽는다"

김일성은 순수한 광주의거를 오판 말라.

역시 미국이라며 미성조기라도 흔들어대며 어서 우리를 구해 주리라고 믿고 싶었다. 그러나 나중에 미국의 승인하에 광주진압부대가 이동해 왔었다는 것을 알고, 난생 처음으로 미국이 우리가 생각했던 그런 나라가 아니구나 하고 처음 알게 되었다. 한미연합사 소속 20사단은 북한이 남한의 소요상황에 관여할 의사가 없다고 판단하고 광주 진압 부대로 내려온 것이다.

1980년 전남대병원 소아과 주치의 조석필 일기

5월 22일 (5·18 의료활동 : 광주광역시의사회)

아침. 다시 아침이다.

시 외곽지역 완전히 차단. 고립무원의 광주.

운다, 김혜근이가 운다(당시 동료의사-필자주).

답답해서 그랬을 것이다.

10시, 11시가 지나자 차량마다 시민을 가득 태우고 '도청으로, 도청으로' 외쳐댄다. 도청엔 수천 수만의 인파. 가끔 교외에서 교전중 부상 사망자들이 들어온다. 피난가려던 몇몇 가족이 난사당했다는 소식.

그 외에는 조용하다. 다시, 고립무원의 광주 어쩌면 공포의 광주, 군대가 진압할 힘이 없어 이처럼 조용한 것은 결코 아닐 것이다. 얼마만큼 쑥밭을 만드냐 그 정도의 결정하지 못한 까닭일 것이다.

과연 얼마만큼 죽이기로 작정했을까? 천명? 만명? 아니면 십만명?

헬리콥터가 계속 떠다닌다. 지구전이다. 우리가 이길 수 없다는 것은 틀림없다. 그러나 항복하지 않으리라는 것 또한 틀림없다. 이제 와서 무릎꿇기에는 너무 많은 피를 흘렸다.

1980. 5. 22.

시민수습대책위

포위된 광주시내에서는 목사, 교수, 신부 등 시내 저명인사 등을 주축으로 시민대책위원회가 구성되었다. 내가 알기로는 지역의 유지분들과 조비오 신부님 등등 이었다.

대책위는 무기를 회수하고 군대와 협상하기로 했다. 잔학한 공수부대의 진압행위에 대하여 부대책임자의 사과, 재발방지, 책임자 처벌 등등...

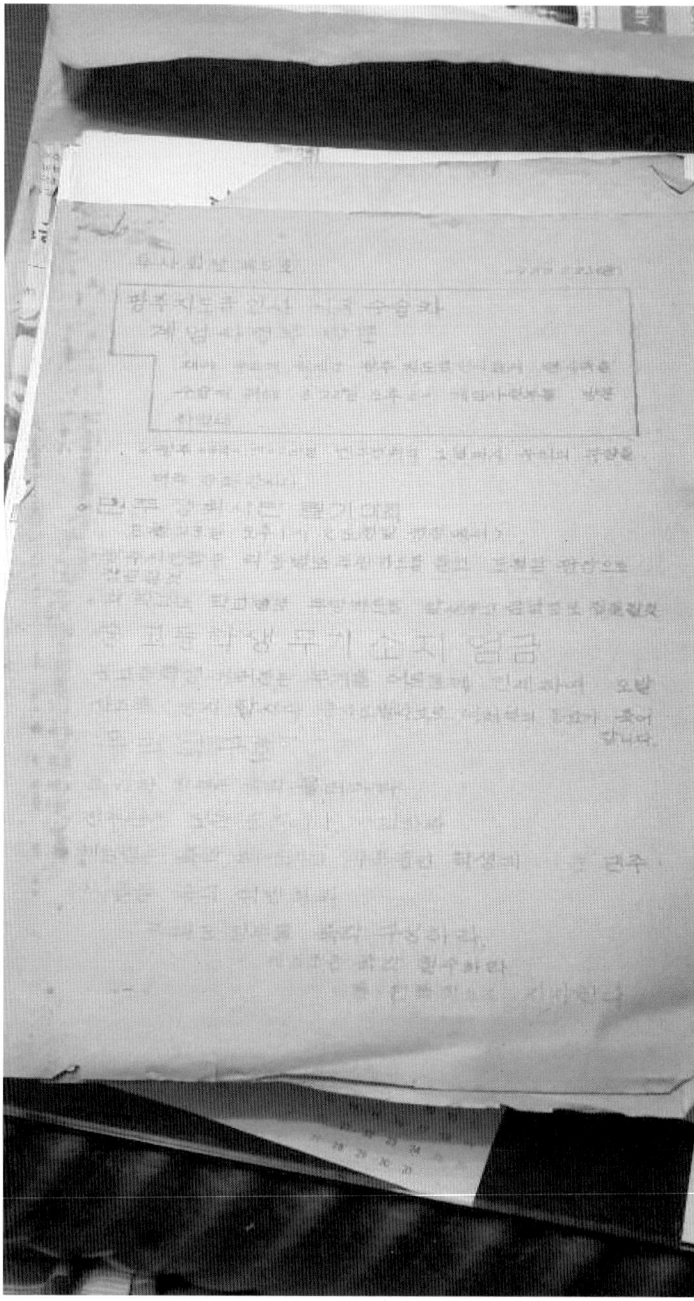

투사회보 제5호 **1980.5.23.(금)**

광주 지도급인사 시국 수습차

계엄 사령부 방문

재야·종교계·학계 등 광주 지도급 인사들이 현 시국을 수습키 위해 5.22. 오후 3시 계엄사령부를 방문하였다.

광주 애국 시민여러분 민주쟁취의 그날까지 우리의 무장을 강화합시다.

민주쟁취 시민궐기대회

5월 23일 오후 1시 <도청앞 광장에서>

광주시민들은 각 동별로 프랑카드를 들고 도청앞 광장으로 집결할 것.

각 학교는 학교별로 프랑카드를 앞세우고 금남로로 집결할 것.

중·고등학생 무기소지 엄금.

중·고등학교 여러분은 무기를 어른들께 인계하여 오발 사고를 방지합시다. 총기오발 사고로 여러분의 동료가 죽어갑니다.

우리의 구호

최규하 정부는 즉각 물러가라.

전두환은 모든 공직에서 사퇴하라.

계엄령을 즉각 해제하고 구속 중인 학생과 모든 민주 인사들을 즉각 석방하라.

민주 과도정부를 즉각 구성하라.

계엄군은 즉각 철수하라.

이를 전폭적으로 지지한다.

항상 흔히 볼 수 있는 그런 내용으로 군부대와 회합을 하면서 협상을 해갔다. 그런데 그 당시 소문에 의하면 20사단의 책임자인 박준병 장군의 말에 의하면 민간과 군이 협상을 하게 되면 군의 사기가 떨어진다고 협상을 할 수 없고 진압을 해야 한다고 했다고 하였다. 자국의 국민을 군대의 사기를 위해 협상을 하지 않고, 진압을 하겠다고 하니 기가 찰 노릇이었다.*****

실제로 25일 계엄군 탱크부대가 화정동 국군통합병원앞 바리케이트를 뚫고 1차 시내 진입시도를 하였으나 조비오 신부님들을 비롯한 시민대책위원들이 탱크부대 앞 아스팔트 도로위에 나란히 누워버렸다 한다. 정말 살떨리도록 무서운 순간이었다. 탱크부대는 차마 시민대책위원들을 짓밟고 가지 못하고 멈추었다 한다. 그러한 일이 한차례 더 있었다고 한다.

그러나 탱크부대를 비롯한 공수부대 등 군인들이 시내로 들어오는 것은 시간 문제였다. 시내의 참상을 독일 기자가 찍고 다녔다는 소식을 들었다. 조비오 신부님을 비롯한 모모 위원들이 이 촬영 자료를 탈출시키기 위한 모종의 작전을 했다는 소문을 듣기도 했다.

***** 5공 전사(前史), 본문 4편

계엄군 병사 옆에 카메라를 들고 선 위르겐 힌츠펜터 기자의 모습(한국일보)

1980. 5. 26.

진입전야

5월 26일. 저녁식사를 하고 응급실에 나가보니 환자가 개미새끼 한 마리 없었다. 썰렁한 응급실에서 도대체 오늘 저녁 웬일이야 하고는 간호원들과 잡담을 나누고 있었다. 그런데 갑자기 시민군 1개 소대가 응급실에 왔다. 그 당시 시민군들은 반드시 소대단위로 5내지 7명씩 함께 같이 움직였다. 내가 환자를 보니까 무릎 아래 찰과상 밖에 별다른 상처가 없었다.

그래서 내가 물었다. 도대체 오늘 저녁 왜 이렇게 조용하지? 그랬더니 시민군이 말하기를 내일 새벽 진압군이 들온다고 통보가 왔다고 했다. 그래서 회의 하고 모두 해산 하기로 했다는 것이었다. 그래서 자기들도 치료하고 나가서 알아서 해산하기로 했다는 것이었다. 그리고 그 시민군 소대는 밖으로 나가서 사라져 갔다.

그런데 거기서 들은 이야기가 윤상원을 비롯한 30여명의 사람들은 남아서 '여기서 지키다 죽어야 합니다'라고 죽는 모습을 남기기로 했다는 것이었다. 나는 처음 그 말을 이해하지 못했다. 윤상원의 이야기는 만약에 진압군이 들어온다고 해서 광주시민이 모두다 도망가 버리면, 이 많은 무고한 죽음에 한마디 사과나 처벌이 이루어지지 않았는데도 진압군들이 들어온다고 하여 모두다 도망가 버린다면, 도대체 이 사람들의 억울한 죽음은 어떻게 되겠느냐고 하였다. 그리고 전두환도 자기 손에 피를 묻혀 평생 역사의 심판을 받게 해야 하고, 오명을 평생 지울 수 없게 해야 한다고 했다. 자기 목숨을 헌신짝처럼 버리다니 ... 나는 그때 잘 이해하지 못했고 두려웠고 무서웠다.

1980. 5. 27.

새벽의 진입

적막같이 무서운 밤이 흐르고 있었다.

새벽 2시부턴가 차량 한대가 시내를 돌면서 카랑카랑한 여자목소리로 외쳤다. "광주시민 여러분 지금 계엄군이 쳐들어오고 있습니다. 모두들 나와서 개엄군을 무찌릅시다. 우리를 잊지말아 주십시오." 우리 모두는 11층 창밖을 눈만 내놓고 응시하면서 부끄러움에 떨었다. 양심이 있으면 나가서 싸워야 하나 나가면 개죽음이 될 것 같아서 무서워서 부끄러움을 무릎 쓰고 끽 소리도 못하고 창문만 응시하고 있었다.

전대병원 1층 옆 철문을 차고 들어오는 소리가 11층에서도 분명하게 멀리 선명하게 들리기 시작했다. 다음은 2층 옆 철문을 차고 들어오는 소리.... 그 다음은 3층 옆 철문을 차고 들어오는 소리.... 점점 소리가 가까이 올라와 마침내 11층 철문을 차고 들어오는 소리가 들렸다.

모두 긴장하고 아무 소리도 못하고 있었다.

잠시 후 방문을 차고 공수부대원같은 군인이 들어와 착검을 한 총을 우리들에게 겨누었다. 양쪽 가슴에 수류탄을 차고 있었고 어려 보였다. 총으로 냉장고까지 가르키면서 열라고 했다. 별것이 아무것도 없자 옆방으로 갔다.

전남대병원을 다 수색한 후 갑자기 땅이 지진이 난 것처럼 흔들리면서 병원 옆길로 탱크부대가 줄을 지어서 다가왔다. 땅이 흔들흔들 했다.

우리는 11층에 있어서인가 흔들림이 더 했다. 탱크부대는 도청의 정면 금남로로, 그리고 좌측인 전대병원 옆길 학동으로 그리고 한 부대는 도청의 우측인 노동청 길로 세 도로로 도청을 완벽히 에워싸고 다가왔다. 도청의 뒤쪽을 향하여 전남대병원 옥상에서, 그리고 3면 도로에서 LMG 같은 대전차포 같은 소리가 일제히 나면서 도청을 향해 비오듯이 쏘아댔다. 약 1시간 이상을 계속해서 쉼이 없이 갈겨대는 것 같았다.

그리고 날이 밝아오기 시작했다. 도청은 계엄군에 의해 완전히 점령되었고 그 앞에서 정렬된 군인들이 군가를 부르고 있었다. 몇몇의 시체를 끄집고 가는 모습도 보였다. 그 중에는 죽지 않은 사람도 있는 것 같이 보였다.

공수부대에서 병원을 접수하러 온다고 하여 우리 모두는 병원 로비에 정렬하고 있었다. 잠시 후 공수부대 장교가 부하들을 이끌고 차량이 도착했다. 우리는 긴장하고 서 있었다. 잠시 후 그 장교가 병원장과 인사하는 듯하고 가까이 왔다. 가까이 와보니 선배이며 공수부대 군의관인 손○○ 대위였다.

이제 병원도 진압군에 점령되고 우리는 모두 흩어졌다.

나는 치과대학생이었던 내 친구 김봉갑과 함께 광주 제2수원지에 갔다. 너무나 많은 죽음을 보았기 때문에 마음을 가눌 수 없었다. 하루 종일 저수지 호수 물결만 바라보고 있었다. 그 당시 정부 공식 발표가 사망자가 약 140명 정도였다.

정부 말 그대로 라고 해도 자국 군대가 자국민을 140여명을 죽였다는 것도 말도 되지 않고 너무나 많은 죽음이었다. 내가 알기로는 당시 시민군 회보에서 민간인만 약 1,000명 이상 죽었다고 하였다.

얼마 후 나는 다시 병원에 출근했고 그해 무사히 의사고시에 합격하고 전남대병원 인턴시험에 합격하여 다음해 3월부터 정식 의사 인턴근무를 시작했다.

광주의 침묵은 강요 되었으며 일부 다른 지역에서는 빨갱이라는 소리가 들리는 것도 같았다. 그러나 패자는 아무 할 말이 없었다. 죽지않고 살아 남은 것만 해도 감사했다. 싸우다 가버린 분들한테는 마음속 깊이 비겁하고, 미안한 마음을 감출 수 없었다.

광주의 소식은 아무 데서도 들리지 않았다.

1980. 5. 27.

광주항쟁진압 후 발행된 첫 광주일보 호외: 대부분 삭제되어 발행되었다.

전남 경찰 '5·18민주화운동과 경찰 역할' 최초 정리

2017년 10월 11일 15시 48분 세계일보 한승하 기자

전남 경찰이 2017.10.11일 1980년 5·18 민주화운동 과정 속 경찰의 역할을 정리한 보고서를 발표했다.

5·18직전 광주는 경찰의 관리하에 치안이 유지되고 있었으나, 계엄령 전국 확대와 함께 5월 18일 새벽 계엄군이 광주에 배치되고 '경찰요청이 아닌 군 자체의 판단에 따라 광주시내 진압작전이 시작됐다.'고 밝혔다. 또 시위대의 경찰관서 최초 무기피탈은 군 기록을 통해 5월 21일 오전 8시 나주 반남지서와 오전 9시 나주 남평지서에 발생한 것으로 왜곡됐으나, 경찰 자료조사를 통해 밝혀진 시위대의 최초 무기피탈은 그보다 6시간 늦은 같은 날 오후 1시 30분 나주경찰서 남평지서였다고 분석했다.

TF는 "계엄군의 도청앞 집단 발포가 이뤄진 5월 21일 오후 1시전까지 시민군의 총기발사는 없었던 것으로 판단된다"면서 "이번 조사를 통해 확보된 자료를 보면 계엄군의 집단 발포 이후 시위대가 나주서 남평지서를 시작으로 총기를 탈취해 무장했다"고 말했다.

'북한군 개입설에 대해 보고서는 '광주에는 약 130여명의 정보·보안 형사들이 활동함과 동시에 시내 주요지점 23곳에 정보센터가 촘촘하게 운영되고 있었다.

이같은 눈을 피해 광주라는 한정된 지역에서 수 백명의 북한군이 활동했다는 것은 불가능한 상식 밖의 주장이다는 조사 결과도 담고 있다.

1981. 5. 18.

도청앞 분신자살

전국 어디에서도, 어느 신문에서도, 방송에서도, 어느 메스컴에서도 광주의 진실은 알려지지 않았다.

항쟁기간 당시 광주시내 도청앞 상무관에 31구의 시체가 안치되어 있었으며 인턴 최유섭 선배가 이미 검안까지 하고 와서 차트 정리까지 다 되어 있었다. 그 중에는 산모가 총에 맞아 죽은 시체도 있었고, 유방이 잘려나간 시체도 있었다고 하였으며, 총상에 의해 머리 한 부분이 날라가버린 시체도 있었다고 검안 다녀온 최선배가 이야기해 주었다. 그러나 그 당시 TV에 나온 국무총리가 "광주에서 폭도들이 불법으로 공공기관을 점거하고 폭도들에 의해 사상자가 7-8명이 있다"

고 말했다.

5·18 당시 TV 뉴스를 보면서 나는 정말 "TV가 이렇게 거짓말을 하는 구나" 하고 경악을 금치 못했다.

이에 너무나 분개한 광주시민을 비롯한 일부 국민들이 5·18이 다시 오자 전남도청 앞 분수대에서 자신의 몸을 불살라 이를 전국에 아니 세계에 알리고자 했다.

1985. 8.15.	홍기일	양동초 졸업 건설노동자	사망
1985. 8.27	이무일	5·18 구속자 회장	생존
1987. 3. 6.	표정두	호남대	사망
1988. 5.15.	조성만	서울대에서 분신	사망
1988. 5.18.	최덕수	단국대 천안캠퍼스	사망
1988. 6. 4.	박래전	숭실대	사망
1991. 5.18.	김철수	전남 보성고 3	사망
2006.11.10.	문종현	5·18 구속 부상자회 서울국가 보훈처 앞	생존

대개 burn dressing은 힘드니까 인턴을 시키는 경향이 있다.

내 인턴 때 화상환자 치료 경험에 비추어 분신을 하게 되면 화상의 정도가 체표면적의 거의 80% 이상이며 거의 뼈까지 타들어가는 3도 화상이다. 이 정도 화상이면 살아날 확

률은 거의 없다.

이 환자를 소독하려면 거의 오후 시간을 다 보내야 할 정도이다. 그리고 피부노출이 심하여 소독할 때 통증 때문에 마약을 쓰지 않으면 안될 정도였다.

그러나 바로 그 순간 죽지도 않으며 일주일 이상 뼈까지 파고드는 통증을 참으며 매일매일 dressing 하지만 결국 거의 사망 한다.

데모라든지 시위 형태도 여러 가지가 있겠지만 정말 분신자살은 인간이라면 못할 짓인 것 같았다.

1982. 3. 18.

부산 미문화원 방화사건

그런데 놀라운 일이 벌어졌다. 아무도 모르는 광주의 일이 어떻게 전해졌길래, 대한민국에서 처음으로, 그것도 경상도인 부산에서 광주항쟁에 미국의 책임이 있다며 부산 미문화원을 불질러버린 것이다.

1982년 3월 18일. 최연순, 김은숙, 문부식, 김현장 등 부산지역 대학생들이 부산 미국문화원에 불을 지른 방화사건이다. 이들이 외친 구호 중에는 놀랍게도 "민주주의를 염원하는 광주시민을 무참하게 학살한 전두환 파쇼정권을 타도하자"라는 구호도 있었다.

나는 너무나 놀라웠다. 그리고 전율을 느꼈다.

어떻게 알았을까..? 정의라는 것이 있는 것일까...?

대한민국 국민이 죽지않았구나 하는 것을 느꼈다.

당시 사건의 담당검사 중 한명은 최병국, 사건 당시 피의자들 중 허진수, 김화석을 변호한 변호사는 16대 대통령을 지낸 노무현이었고, 사건을 재판한 담당 판사 중의 한명은 이회창이었다.

• 1차 광주미국문화원 방화사건

1980년 12월 9일. 광주시내 미국문화원에 전남지역 농민회 회원인 정순철, 김동혁, 박시영, 윤종형, 임종수 등과 대학생들이 방화한 사건이다.

5·18 광주민주화운동 무력진압후 미국의 태도에 분노한 농민운동가와 학생운동가들은 미국 대사관과 각지의 미국문화원에 항의성 시위집회를 하였다.

• 광주시문화원 2차 방화사건

1982년 11월 20일. 전라남도 광주시에 있는 광주 미국문화원에 대학생들이 방화를 저지른 운동이다. 이후부터 지금까지 광주시에 미국문화원은 없다.

• 서울 미문화원 점거농성사건

1985년 서울시 미문화원에 대학생들이 점거 농성하며 전단지를 뿌리고 있었다. 본인이 서울 학회차 상경하여 직접 그 광경을 목격했다.

1987. 6. 29.

6월 항쟁

1987년 6월. 길거리는 넥타이 부대까지 동원되는 시위대로 넘쳐났다. 마침내 노태우는 6·29 항복 선언을 하고 직선제 대통령 선거를 받아들였다. 물론 선거에서는 이겨서 노태우, 그 다음 김영삼, 그리고 마침내 1997년 김대중 대통령이 당선되었다.

김대중 대통령이 당선되던 그날 밤 빗발치던 도청의 총알 속에서 쓰러져가던 시민군들이 생각이 나서 얼마나 울었는지도 모른다. "세상에 이런 날도 오구나" 정말 불가능했을 것 같은 일들이 일어나고 있었다.

2017. 5.

촛불 시민혁명

이제 많은 세월이 지났고 더구나 촛불 시민혁명으로 또다시 문재인 대통령이 당선된 지금, 5·18 광주항쟁이 대한민국 민주화의 한 초석이 되었다는 사실에 자부심을 갖고 있으며 더 세월이 지나기 전에 5·18 광주 항쟁의 역사를 좀 더 자세히, 순서대로, 종합적이고, 실제적인 기억들을 모아서 정리하고자 하며 다시 한번 총알 속에서 쓰러져간 영령들에게 삼가 명복을 빕니다.

2019. 3. 14.

지만원의 북한군 특수부대 600명 잠입설

당시 광주 505 보안부대 특명반 : 허장환 진술

2019.03.14. Jtbc 이규연의 스포트라이트

1980년 5월 당시 광주는 해안 봉쇄, 육로 봉쇄로 그와 같은 대규모 부대가 잠입할 수 없었다. 미국 군사첩보 위성이 한반도를 2~3 시간 간격으로 순회하였으며 5.18 당시에는 광주상공을 순회하여 손바닥 보듯이 광주를 보고 있었다. 따라서 북한군 특수부대 600명이 광주에 침투했다는 지만원 씨

주장은 어불성설이다.

그리고 본인이 금남로 광주관광호텔 5층 정보원 사무실에서 근무하면서 촬영하거나 사진기자에게서 사진을 압수하여 사진부에 보고했던 사진들의 일부가 지만원씨 광주 사진이었다.

2019. 3. 14.

암매장설

미육군 정보대대 김용장 증언.

2019.03.14. Jtbc 이규연의 스포트라이트

당시 광주 국군 통합병원 지하 보일러실 보일러 1개를 개조하여 암매장 시신을 5월 내내 소각하였다. 따라서 더 이상의 암매장 시신은 없다. 이는 미 육군에 보고한 사항이다.

2019. 4. 8.

육군본부 '3급 비밀문건'

2019.04.08. 경향신문

경향신문 육본 '3급 비밀문건' 단독 입수

1980.05.25. 일자 김해행 기록 첫 확인

경향신문 강현석 기자

7일 경향신문이 입수한 '소요 진압과 그 교훈'이라는 군의 3급 비밀 문건에는 5.18 기간 공군 수송기를 이용해 김해로 '시체' 옮겼다는 기록을 첫 확인하였다.

1980년 5월 25일 공군 수송기의 운항 수송기는 3개였다.

둘째 줄 '김해-광주'를 운항한 수송기 기록 옆에 '시체'라고 적혀 있다. 김해로 옮겨진 '시체'는 군인 사망자가 아닐 가능성이 높다. 광주에 투입된 계엄군 중 영남에 주둔하고 있던 부대는 없었기 때문이다. 5.18 당시 계엄군간 오인사격으로 사망한 군인 23명은 모두 공군 수송기를 이용해 성남 비행장으로 옮겨졌다. 군은 임무 수행 중 사망한 군인은 죽은 사람을 높여 부르는 '영현'으로 기록하며 '시체'라는 단어는 사용하지 않는다. 5.18 연구자인 노영기 조선대 교수는 '이 문건은 5.18 당시 공군 수송기를 이용해 시신을 광주 외부로 옮겼다는 사실을 보요준다'라고 말했다.

5.18 당시 행방불명된 사람은 현재까지 76명에 이르지만 1997년부터 광주지역에서 진행된 11번의 암매장 발굴에서는 단 한 구의 시신도 찾지 못했다.

부 록

전라남도 자료

- 광주사태 부상자 지원현황, 1982년 7월 -

- 1988년에서 1994년에 걸쳐 광주시청에서 5·18 관련 부상자로 파악하여 보상해 주었던 총 2,710명 중, 병의원 진료기록이 확인된 858명 보상자들의 명단이다.
- 1982년도 전라남도 문건이나, 자료 입수는 현 광주광역시청에서 이루어졌다.
- 현황 통계표는 수치를 왜곡하지 않은 범위 내에서 알아보기 쉽게 편집하였다.
- 부상자 지원금액은 편집의도에 맞지 않으므로 생략하였다.

— 편집자 주 —

1. 부상자 현황

(병·의원 진료기록이 남아있는 광주시 지원 부상자 총수 858명(입원 406명, 외래 452명))

가. 성별분포

		남	여	계
입 원		376	30	406
외래	확 인	383		409
	주소불명	23	26	25
	성명미상	12	2	12
	군 인	6		6
계		800	58	858

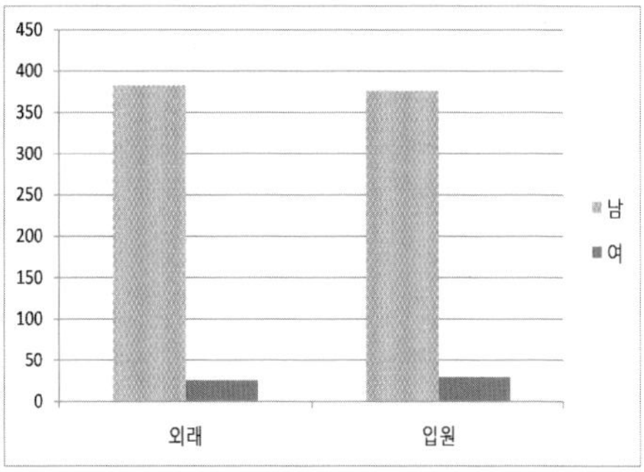

나. 연령별 분포

	입원	외래	계
10세 미만	7	3	10
11~20세	126	81	207
21~30세	134	206	340
31~40세	77	57	134
41~50세	36	29	65
51~60세	14	13	27
61세 이상	6	7	13
불상(不詳)	6	56	62
계	406	452	858

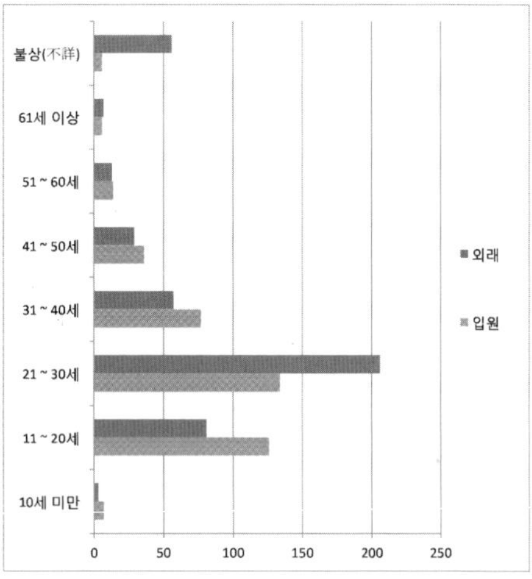

다. 직업별 분포

	입원	외래	계
공무원	13	1	15
회사원	31		31
학 생	70	1	71
재수생	2		2
상 업	31	1	32
운 수	1		1
운전사	29	1	30
공 업	3		3
건 축	1		1
농 업	9		9
노 동	11		11
공 원	20		20
전 공	4		4
목 공	4		4
점 원	2		2
기 자	1		1
주 부	4		4
종업원	7		7
군 인		6	6
기 타	28		28
무 직	31		31
불 상	104	442	546
계	406	452	858

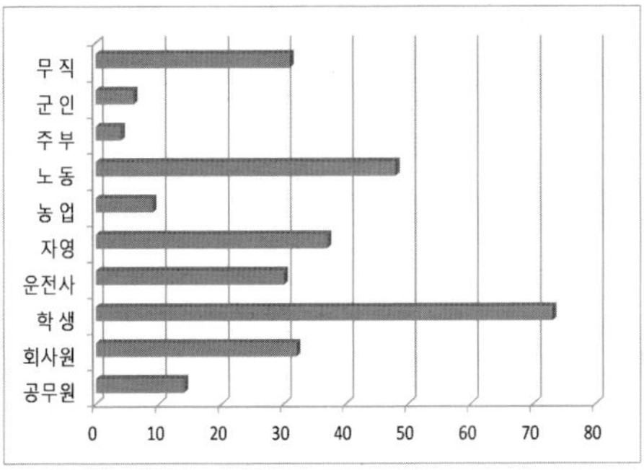

주)

- 총 858명 중 546명, 기타 28명을 뺀 286명을 대상으로 그래프를 그렸다.
- 그래프의 항목은 표의 다음과 같은 직업을 모두 합산한 것이다.
  - 회사원=회사원+기자 • 학생=학생+재수생
  - 노동=노동+공원+전공+목공+점원+종업원
  - 자영=상업+운수+공업+건축

라. 치료기간별 분포

	입원	외래	계
20일 미만	131	444	575
21~40일	119	7	126
41~60일	42		42
61~80일	24		24
81~100일	17		17
101~120일	13		13
121~140일	12		12
141~160일	21		21
161~180일	6		6
181~200일	8		8
201~220일	4		4
221~240일	2		2
261~280일	1		1
기 타	6	1	7
계	406	452	858

2. 입원 부상자 명단

총 406명

순번	성 명	주 소	성별	연령	직업	부상 일시	상병명	치료 추정 기간	치 료 기관명
1	이춘기	광주시 백운동	남	28	공원	5. 21	흉부총상	143	전대병원
2	박찬욱	광주시 지산동	〃	26	점원	〃	우하지 총상	222	〃
3	신명식	광주시 지산동	〃	29	대한건설 협회	〃	기흉	24	〃
4	이동근	광주시 유동	〃	31	회사원	〃	직장회장 파열	49	〃
5	박성용	과주시 서2동	〃	27	한국기교	〃	총상 골반골절	120	〃
6	황영주	광주시 구동	〃	18	공원	〃 〃	흉부손상	29	〃
7	도남선	함평군 손불면	〃	19	학생	〃	경막하혈종	40	〃
8	변학연	광주시 방림2동	〃	19	양화공	〃	요골개방골절	161	〃
9	오세봉	광주시 지산동	〃	20	재수생	〃	총상	42	〃
10	임채명	광주시 서석동	〃	9	학생	〃	우측팔목골절	143	〃
11	정순석	광주시 서석동	〃	46	노동자	〃	경골골절		〃
12	최미자	전남 애육면	여	19		〃	기흉	25	〃
13	정병영	광주시 소태동	남	24	병원수위	〃	두부열상	34	〃
14	구창열	광주시 유촌동	〃	43	〃	〃	두부타박상	23	〃
15	안국순	광주시 양1동	〃	37	알미늄 샷수공	5. 23	두개골골절	35	〃
16	양치홍	광주시 월산3동	〃	25	광주고속 기술자	5. 22	우대퇴골골절	110	〃
17	심우민	광산군 본량면	〃	18	학생	5. 21	총상	24	〃
18	윤정기	광주시 우산동	〃	17	학생	5. 22	총상	160	〃
19	전종식	광주시 풍향동	〃	16	직공	〃	좌슬관절장애	58	〃
20	이동진	광주시 농성동	〃	23	기사	〃	총상	28	〃
21	이재철	광주시	〃	21	회사원	〃	총상	42	〃
22	윤춘옥	광주시 용산동	〃	16	직공	〃	기흉	46	〃
23	정경남	광주시 서2동	〃	21	공원	5. 20	두피열상	83	〃
24	신행균	광주시 방림1동	〃	43	노동	5. 21	혈흉	27	〃
25	정백중	광주시 백운동	〃	39	노동	〃	두피열상 두개골골절	62	〃

순번	성 명	주 소	성별	연령	직업	부상 일시	상병명	치료 추정 기간	치 료 기관명
26	문연주	광주시 장동	〃	28	지업사	〃	총상	33	〃
27	이순진	광주시 대인동	〃	20	전공	〃	두피타박상	20	〃
28	박명환	광주시 계림3동	〃	19	목공	〃	총상	54	〃
29	강대일	광주시 본촌동	〃	31	운전원	〃	총상	93	〃
30	하영우	광주시 월산4동	〃	22	명신화판	〃	상완골골절	45	〃
31	조춘복	광주시 황금동	〃	19	종업원	〃	좌흉부 관통상	29	〃
32	강석봉	광주시 충장로 5가	〃	21	종업원	〃	발목의 골절	157	〃
33	유영신	광주시 상무동	〃	15	학생	5. 27	좌슬관절부총상	33	〃
34	이은형	광주시 계림3동	〃	46		〃	하지골절	154	〃
35	채명옥	목포시 동명동	여	23	술배달원		개방성경골골절	125	〃
36	황인식	영암군 시종면	남	17	자개공	6. 9	좌측흉부총상 상박신경손상	104	〃
37	박상채	전북 순창군	〃	19		5. 23	총상	20	〃
38	위성안	광주시 백운동	〃	16		5. 29	안구파열	37	〃
39	장명섭	광주시 신안동	〃	40	운전기사	5. 21	복부총상	18	〃
40	유복남	광주시 대인동	여	51	주부	5. 27	혈흉	65	〃
41	최성호	광주시 중흥동	남	20	재수생	5. 25	뇌진탕	14	〃
42	전정일	광주시 지원동	〃	40	농업	5. 24	두피여상	141	〃
43	김광식	해남군 해남읍	〃	33	사진기자	5. 20	뇌진탕	23	〃
44	김용한	광주시 산수동	〃	17	학생	〃	두개압박골절	75	〃
45	김명환	광주시 구동	〃	16	노동	〃	안구파열	87	〃
46	김영찬	광주시 중흥2동	〃	19	학생	5. 19	직장회장 파열	186	〃
47	김재수	담양군 대덕면	〃	26	·	5. 21	간 신장파열	1	〃
48	김창선	광주시 유동	〃	18	학생	5. 23	안구파열	70	〃
49	김영봉	광주시 유동	〃	19	무직	5. 21	자상	30	〃
50	김종열	화순 도암	〃	57	공원	〃	총상	363	〃
51	김광우	광주시 주월2동	〃	29	상업	〃	척추골절	27	〃
52	김복진	광주시 금남로	〃	25	택시기사	5. 22	직장파열	25	〃
53	김태호	화순 도곡	〃	19	택시기사	5. 20	경막하혈종	59	〃

순번	성 명	주 소	성별	연령	직업	부상 일시	상병명	치료 추정 기간	치 료 기관명
54	김찬오	광주시 방림동	〃	27	건축 사무소	5. 22	총상	102	〃
55	김요한	광산 송정	〃	22	·	〃	총상	219	〃
56	김종준	광주시 운암동	〃	14	학생	〃	우측척골 개방성골절	130	〃
57	김내향	진도군 진도읍	여	5	·	〃	기흉	219	〃
58	김춘아	진도군 진도읍	〃	43	주부	〃	총상	70	〃
59	김득후	광주시 월산2동	남	24	상업	〃	총상	24	〃
60	김태현	함평군 학교	〃	21	학생	〃	총상	135	〃
61	김태민	함평군 다산	〃	41	경찰	5. 20	뇌열상		〃
62	김상태	광주시 북동	〃	18	·	5. 27	뇌좌상	16	〃
63	김장석	무안 현경	〃	36	농업	6. 5	우하지 봉하직염	15	〃
64	김후식	광주시 산수2동	〃	39	·	·	좌상박부 척골신경마비통	79	〃
65	김연성	화순 이서면	〃	26	·	·	경부열창척골 골절	5	〃
66	김승수	곡성 죽곡	〃	36	경찰	6. 3	흉부총상	178	〃
67	김삼중	광주시 용산동	〃	26	주조장 직원	5. 23	장골골절	39	〃
68	김광호	화순 동면	〃	21	·	5. 21	직장회장파열	114	〃
69	변동섭	광주시 신안동	〃	42	·	5. 21	하악골골절	7	〃
70	심동호	광주시 학1동	〃	41	송한무역 상사	5. 23	혈흉	159	〃
71	박상순	광주시 송정리	〃	57	시민	〃	뇌좌상	31	〃
72	이연진	광주시 소태동	여	23	주부	〃	골반각내장기 손상	45	〃
73	이지면	화순군 청풍면	남	30	회사원	〃	안구파열	156	〃
74	조규백	광주시 우산동	〃	17	학생	〃	간 내장파열	17	〃
75	오양근	나주 동강	〃	19	학생	〃	위천공		〃
76	이정례	곡성군 목사도면	〃	23	광주고속 연금과	5. 18	안검열상	35	〃
77	최승호	광주시 계림동	〃	26	학생	5. 19	뇌진탕	29	〃

순번	성 명	주 소	성별	연령	직업	부상 일시	상병명	치료 추정 기간	치 료 기관명
78	임정하	광주시 금남로	〃	35	상업	5. 19	두골골절	126	〃
79	백만도	광주시 용천동	〃	55	농업	5. 20	상악골골절	35	〃
80	박옥재	광주시 방림동	〃	41	기자	〃	주두골절 및 열상	31	〃
81	이내성	광주시 쌍촌동	〃	51	기사	〃	우경골골절	81	〃
82	한용덕	광주시 소태동	〃	30	양화공	〃	두골골절	109	〃
83	최영철	광주시 학동	〃	20	시민	〃	총상 흉부늑골골절	20	〃
84	정현택	광주시 임동	〃	26	대학생	〃	혈흉	222	〃
85	이영구	광주시 서창면	〃	476	전남매일 미화부	〃	혈흉 두피열상	27	〃
86	강성원	광주시 방림동	〃	18	양화공	5. 22	경뇌막의 혈종	69	〃
87	노홍숙	광주시 학2동	〃	21	공무원	5. 18	뇌진탕	26	〃
88	박귀주	화순군 화순읍	〃	49	·	5. 29	두개골뇌혈종	9	〃
89	최승희		〃	21	·	5. 21	총상에 의한 간파열	2	〃
90	장한일	광주시 방림동	〃	38	·	〃	직장간 회장파열	23	〃
91	윤석준	광주시 농성동	〃	16	·	〃	총상	20	〃
92	송승식	고흥군 대서	〃	24	·	5. 22	총상	19	〃
93	임수춘	광주시 학운동	〃	39	·	5. 21	뇌좌상 두개골골절	1	〃
94	윤성호	광주시 동명1동	〃	28	·	〃	뇌좌상 경막하혈종	7	〃
95	민청진	광주시 백운동	〃	20	·	5.21	귀상부총상	4	〃
96	최은홍	광주시 계림동	〃	21	학생	〃	총상	221	〃
97	노득기	광주시 진월동	〃	34	농업	5. 24	우측골 개방성 복잡골절	79	광주기독
98	문광영	광주시 유문동	〃	22	·	5. 21	우견갑골 손상	2	〃
99	박태원	광주시 임동	〃	20	학생	5. 21	흉부총상	8	〃
100	박경주	광주시 황금동	〃	20	〃	5. 22	하악골골절	31	〃
101	무며남	미상	〃	미상	·	5. 20	두부총상	3	〃
102	유영선	미상	〃	미상	·	5. 21	두부총상	3	〃
103	정복철	순천시 조곡동	〃	19	직공	5. 21	총상	20	〃

순번	성 명	주 소	성별	연령	직업	부상 일시	상병명	치료 추정 기간	치 료 기관명
104	이태현	광주시 백운동	〃	16	·	5. 21	우견갑골 총상	2	〃
105	안규수	미상	〃	37	·	5. 21	흉부총상	3	〃
106	임철순	목포시 용당1동	〃	29	운전사	5. 21	골수염	52	〃
107	박월규	곡성군 옥과면	〃	21	·	5. 21	치아파쇄	23	〃
108	현용식	영암동 신북면	〃	22	무	5. 22	개방성분쇄골절	31	〃
109	박봉춘	광주시 서1동	〃	27	회사원	5. 21	좌대퇴골 골절	23	〃
110	이종윤	광주시 평동면	〃	23	방위	〃	좌하지 절단	23	〃
111	유형균	광주시 문화동	〃	19	학생	〃	척추손상 하반신마비	157	〃
112	문병호	광주시 계림2동	〃	25	양복점	〃	개방성대퇴부 골절	149	〃
113	이군순	서울 남가좌동	〃	32	무	〃	상박골 개방성 분쇄골절	31	〃
114	오병국	광주시 대인동	〃	17	상업	〃	두피열상	8	〃
115	이정용	미상	〃	32	·	〃	목부분 총상	5	〃
116	홍두표	광주시 방림1동	〃	15	학생	〃	복부총상	35	〃
117	장봉섭	광주시 쌍촌동	〃	20	〃	〃	개방성분쇄골절	73	〃
118	최찬주	광주시 양3동	〃	18	〃	〃	와상선고막천공	7	〃
119	이순노	곡성군 삼기면	〃	19	학생	5. 21	흉부총상	20	〃
120	박정용	광주시 서산동	〃	62	·	〃	좌슬관절골절	3	〃
121	오형수	보성군 득량면	〃	19	학생	〃	견갑부관통총상	41	〃
122	유재옥	인천시 주안동	〃	36	상업	5. 22	복부총상		〃
123	나순돈	광주시 서동	〃	20	·	5. 20	좌상박골절총상	3	〃
124	최경복	광주시 동명동	〃	23	학생	5. 23	관절부 타박상	6	〃
125	류인호	광주시 신안동	〃	17	·	5. 21	안면부 열상	3	〃
126	장선호	광주시 학1동	〃	25	기능공	〃	흉부총상	34	〃
127	최종일	보성군 보개면	〃	20	직공	5. 22	흉부총상 및 간손상	13	〃
128	서민호	광주시 풍향동	〃	19	학생	5. 21	좌측견갑부총상	18	〃
129	박순기	광주시 양3동	〃	35	상업	〃	복부총상	37	〃

순번	성 명	주 소	성별	연령	직업	부상 일시	상병명	치료 추정 기간	치 료 기관명
130	강현기	광주시 백운동	〃	26	〃	〃	좌대퇴부 연부조직 손상	21	〃
131	윤경철	광주시 백운동	〃	26	노동	5. 19	무릎총상	30	〃
132	이세영	광주시 서석2동	〃	20	양화점	5. 21	복부총상, 척추총상	59	〃
133	한천석	영광군 법성면	〃	20	무	〃	우상박골 복잡골절	15	〃
134	강구형	광주시 임동	〃	19	학생	〃	좌하대퇴부 및 발목관절총상	23	〃
135	정성준	광주시 비아면	〃	21	무	〃	우대퇴부 경부골절	164	〃
136	국민호	광주시 불로동	〃		무	〃	복부총상 및 혈흉	37	〃
137	고재성	광주시 계림3동	〃	19	·	〃	안면부열상, 파편상	2	〃
138	정희연	광주시 농성동	〃	30	·	〃	두부 및 안면파편상	6	〃
139	박석현	광주시 화정동	〃	38	전기공업	〃	좌대퇴부개성 복잡골절	163	〃
140	유정태	광산군 송정읍	〃	24	상업	〃	복경부관통 상하악골골절	65	〃
141	박인천	나주군 남평면	〃	19	전기공업	〃	복부총상 및 결장파상	36	〃
142	유영택	광주시 지원동	〃	18	학생	5. 22	개방성 분쇄골절	31	〃
143	오만호	광주시 중흥동	〃	20	〃	5. 21	복부총상	70	〃
144	박찬욱	광주시 서2동	〃	20	〃	〃	좌견갑골 총상	4	〃
145	전형문	장성군 북일면	〃	19	〃	〃	복부총상 결장파열	31	〃
146	박상철	광주시 서석1동	〃	13	〃	〃	장파열	156	〃
147	황인식	광주시 백운동	〃	18	〃	〃	좌측흉부총상 상반신신경손상	20	〃
148	노해룡	광주시 광천동	〃	18	〃	5. 22	흉부총상	23	〃
149	문병윤	나주군 남평면	〃	24	직공	5. 21	복부총상 및 요추골절	125	〃
150	노봉기	광주시 풍향동	〃	35	경찰	5. 27	복부총상 하골골절	33	〃

순번	성 명	주 소	성별	연령	직업	부상 일시	상병명	치료 추정 기간	치 료 기관명
151	정재희	광주시 방림동	〃	38	사진업	5. 21	복부총상	29	〃
152	임승만	나주군 영산포읍	〃	34	운전사	5. 21	좌견갑부 연부조직손상	28	〃
153	조정호	광주시 백운동	〃	22		5. 22	복부총상	3	〃
154	채기형	광주시 동명동	〃	20	무	5. 21	복부총상	32	〃
155	박동환	장성군 삼계면	〃	32	운전원	〃	윤두부연부 조직 손상	24	〃
156	백두선	광주시 유덕동	〃	19	학생	〃	경부총상 파편창	20	〃
157	신주봉	광주시 임동	〃	21	·	〃	안면부 파편창	2	〃
158	한천석	영광군 법성면	〃	20	·	〃	우측팔 손상	15	〃
159	강희성	광주시 북동	〃	19	사진관	〃	복부총상	28	〃
160	오용태	남제주군 서귀포읍	〃	26	학생	〃	좌대퇴부 연부조직 손상	188	〃
161	최동복	광주시 주월동	〃	14	학생	5. 22	척추골절	14	〃
162	장종필	광주시 양동	〃	27	점원	5. 21	흉부총상·간 손상	50	〃
163	오현탁	광주시 중흥동	〃	20	·	5. 21	요골, 척골, 분쇄골절	3	〃
164	박영순	광주시 양3동	〃	27	학생	5. 21	우견골 개방성 복잡골절	97	〃
165	권영길	광주시 양3동	〃	23	상업	5. 22	안면부 및 경부 파편상		〃
166	전병식	광주시 산수2동	〃	21			좌측다리총상	2	〃
167	강인곤	나주군 남평면	〃	20		5. 20	흉부 복부총상	6	〃
168	이동식	광주시 임동	〃	27		5. 22	왼손피편상 (폭발사고)	1	〃
169	이광영	나주군 나주읍	〃	29	학생	5. 21	복부총상 및 척추손상	113	〃
170	심인식	광주시 서1동	〃	31	연예인	〃	우측견갑부총상	16	〃
171	심경선	곡성군 고달면	〃	21	운전사	〃	타박상 및 감염	7	〃
172	신석현	광주시 광천동	〃	33	무	〃	타박상	8	〃
173	김상진	광주시 계림동	〃	7	·	〃	대퇴간골절	5	〃
174	김정완	나주군 나주읍	〃	32	미장업	〃	흉부총상	12	〃

순번	성 명	주 소	성별	연령	직업	부상 일시	상병명	치료 추정 기간	치 료 기관명
175	김영길	광주시 백운동	〃	26	·	5. 22	복부관통상	4	〃
176	김만두	광주시 중흥동	〃	41	·	5. 21	흉부관통, 복부관통	3	〃
177	김충식	화서군 이서면	〃	32	회사원	5. 24	좌측흉부총상	11	〃
178	김종수	광주시 지산동	〃	19	무	5. 21	우측상박총상	22	〃
179	김한호	진도군 대천면	〃	49	농업	〃	두부열상 흉부총상	9	〃
180	김영춘	화순군 남면	〃	71	무	5. 22	다발성 늑골골절	11	〃
181	김정수	광주시 신안동	〃	29	석공	5. 21	대퇴부연부손상	48	〃
182	김달건	광주시 송정읍	〃	32	상업	5. 21	우대퇴부, 개방성복잡골절	154	〃
183	김옥단	광주시 유동	여	67	무	5. 21	복부손상	24	〃
184	김정교	영광군 영광읍	남	39	〃	5. 22	안면부열상	2	〃
185	김재봉	광주시 금남로	〃	40	농업	5. 21	복부총상	35	〃
186	김동기	광주시 중흥동	〃	32	건축업	5. 21	우측흉부총상	16	〃
187	김행주	광주시 월산동	〃	19	학생	5. 22	경골개방성골절 제1장골 늑골	30	〃
188	이순행	광산군 평동면	〃	27		5. 21	강파열 및 상간장막 정맥파열	22	오재동외과
189	장양오	나주군 남평면	〃	25	재봉사	5. 22	우측요골, 척골분쇄골절 우수신전기능 상설증	191	조대병원
190	임성욱	광주시 광천동	〃	24	학생		우측경골 분쇄골절 우수제5중수골 경부골절	150	〃
191	최복덕	광주시 화정동	여	62		5. 22	좌측 유양동길 통상 안면신경 마비	278	〃
192	임주윤	광주시 지원동	남	18	학생	5. 22	상박골개방성분쇄 골절 상박골관통상	58	〃
193	김해중	광주시 학동	여	47	·	5. 23	무안구증(양안) 좌측 하안검결손	52	〃
194	김상우	함평군 해보면	남	26	운전원	5. 22	개방성분쇄골절 제4중수골 신경마비	189	〃

순번	성 명	주 소	성별	연령	직업	부상 일시	상병명	치료 추정 기간	치 료 기관명
195	이추자	광주시 화정동	여	25	·	5. 22	이저관 총상 연골염증	7	〃
196	최철진	광주시 송화동	남	38	노동	5. 24	소장, 절제술, 위천공봉합술, 창살감염	191	〃
197	이장규	목포시 산정3구	〃	18	공원	5. 24	우쇄골 개방성 골절 우견갑부 관통상	18	〃
198	이용수	광주시 진월동	〃	33	공업		좌대퇴부	35	〃
199	최장언	광주시 상무동	〃	26	학생	5. 22	제7흉추골절 우6,7늑골골절 우혈흉	191	〃
200	손재선	광주시 화정동	여	33	주부	〃	하악골관통상 하악제 분쇄골절	101	〃
201	최복순	광주시 내방동	〃	40	미용사	〃	우측상황골 분쇄골절 안구신경마비	160	〃
202	이성순	광주시 내방동	〃	22	공원	〃	흉부총상에 의한 늑막염 창상감염	49	〃
203	유복동	광주시 쌍촌동	남	36	회사원	〃	하악골 관통상 다수치아파절 및 결손	18	〃
204	신동휴	광주시 방림동	〃	31	운전원	5. 20	외상설뇌증 두개골골절	130	〃
205	전오선	광주시 백운동	〃	37	소개업	5. 20	외상성뇌증 다발성 두피열상 좌 6,7늑골골절	25	〃
206	최충용	광주시 용당동	〃	30	상업	5. 19	외상성뇌증 두개골골절	130	〃
207	이민오	광주시 두암동	〃	26	학생	5. 18	췌장파열로인한 혈복종 버장적출술	6	〃
208	남효례	광주시 지산동	여	24	학생	5. 21	치아 12번치 경부파열 내42 치간파열비골절	33	〃
209	강대일	광산 송정읍	남	55	목수	5. 21	뇌좌상좌측두골 선상골절	22	〃
210	변동섭	광주시 신안동	〃	47	운전사	5. 20	하악골 좌측골제 부 골절 및 영창	53	〃

순번	성 명	주 소	성별	연령	직업	부상 일시	상병명	치료 추정 기간	치 료 기관명
211	문사열	광주시 방림1동	〃	39	보일러기사	5. 24	좌측위양돌기부 광통상	56	〃
212	장주인	서울시 봉천동	〃	40	공업	5. 23	경추제 6, 7번방 탈구 및 경부손상	219	〃
213	주암순	광주시 임동	여	46		5. 21	좌측 6, 7늑골골절 좌측치골골절	100	〃
214	임성순	광주시 월산1동	남	37	노동	5. 21	뇌좌상 좌우뇌 기저부 골걸	28	〃
215	윤곤석	광주시 두암동	〃	49	상업	5. 21	하악좌측골체부 골절 및 열상	36	〃
216	양일권	광주시 방림동	〃	19	학생	5. 20	대퇴부하부총상	18	〃
217	이명남	함평 학교	〃	27	순경	5. 20	우측상박골 골절 및 요골 신경마비	113	〃
218	최승기	나주 남평면	〃	27	학생	5. 19	우측견박부 타방상 견갑관절찰과상	5	〃
219	김유성	광주시 화정동	〃	5		5. 22	우척골 성장판 골절 파편유	59	〃
220	김남용	광주시 월산동	〃	54	농업	5. 23	좌상박 신경통	122	〃
221	김형진	나주 영산포	〃	31	상업	5. 23	흉부좌상에의한 늑간신겨옹	15	〃
222	김처녀	진도 지산면	여	72		5. 24	좌수족관통상에 의한 분쇄골절	157	〃
223	김형욱	광주시 송화동	남	55	노동	5. 24	우측상박골절단	102	〃
224	김용철	광주시 북동	〃	36	공업	5. 20	뇌진탕, 다발성두피열창, 전신타박상	51	〃
225	김갑진	광주시 서석2동	〃	30	운전사	5. 20	두부열상 및 뇌지낭	8	〃
226	김용대	광주시 월산2동	〃	29	회사원	5. 20	척수절단 및 마비증	180	〃
227	신묘섭	광주시 풍향동	〃	18	학생	5. 21	두개골함몰골절	168	광주적십자
228	윤용관	광주시 백운동	〃	53	무		쇄골견갑골골절	54	〃
229	이상주	광주시 양3동	〃	18	학생	5. 21	우하퇴부 총상	19	〃
230	박수자	완도 군외면	여	21	종업원	〃	복부관통상	119	〃

순번	성 명	주 소	성별	연령	직업	부상 일시	상병명	치료 추정 기간	치 료 기관명
231	이기수	광주시 학동	남	45	노동	〃	우지관절골절 안면열창	52	〃
232	정하규	나주 나주읍	〃	27	상업	〃	좌골신경마비 좌대퇴부파편상	134	〃
233	박금석	광주시 방림2동	〃	17	학생	〃	골반부골절	24	〃
234	이재구	광주시 신안동	〃	33	상업	〃	장천골 척골좌골절	24	〃
235	현병화	광주시 풍향동	〃	28	가구업	〃	뇌진탕, 두부열상, 늑골골절	38	〃
236	이필철	해남 현산면	〃	29	운전원	〃	우대퇴부 총상	17	〃
237	조승익	광주시 월산동	〃	51	상업	5. 19	뇌골절	19	〃
238	조영복	광주시 대인동	〃	38	〃	5. 21	제12흉추 및 제2 요추 압박골절	159	〃
239	정이순	광주시 월산동	여	50	상업	5. 21	뇌진탕, 좌족 제5중출골절	54	〃
240	최미경	광주시 월산동	〃	19	회사원	5. 21	우족관절	50	〃
241	정순철	광주시 서산동	남	20	무	5. 23	흉배부 및 좌둔부파편창	23	〃
242	박주삼	광주시 서2동	〃	20	종업원	5. 23	선추쇠편 골절	67	〃
243	신세광	광주시 진월동	〃	17	학생	5. 21	우대퇴부, 좌상박부 파편창	153	〃
244	최영석	광주시 학동	〃	20	공원	5. 23	쇄골좌척골골절	53	〃
245	문기현	남사레지오고 2년	〃	17	학생	5. 21	뇌막염	37	〃
246	윤민한	광주시 쌍촌동	〃	21	학생	5. 22	좌둔부파편창 좌골신경마비	187	〃
247	박성곤	광주시 동명동	〃	34	세탁업	5. 21	좌대퇴부총상	38	〃
248	기일섭	광주시 양림동	〃	46	·	5. 20	늑골 및 척골골절	60	〃
249	양부승	광주시 서부경찰서	〃	48	경찰	5. 14	우하퇴부골절	32	〃
250	전길주	광주시 서부경찰서	〃	38	〃	5. 14	요부염좌, 우수모지 타박상	83	〃
251	하철웅	광주시 지산동	〃	20	·	5. 21	파편상	18	〃
252	정성찬	광주시 계림1동	〃	20	정원	〃	좌수골절	36	〃

순번	성 명	주 소	성별	연령	직업	부상 일시	상병명	치료 추정 기간	치 료 기관명
253	장한환	담양 무정	〃	27	운전원	〃	혈종좌복벽	3	〃
254	홍순영	화순군 화순읍	〃	29	상업	〃	좌경골골절	92	〃
255	신경진	나주군 남평	〃	26	공예	〃	좌오골골절	87	〃
256	이종교	광주시 문화동	〃	20	정비공	5. 24	복부관통총상 좌대퇴부 총상	140	〃
257	심우민	광산구 본량면	〃	18	학생	5. 20		5	〃
258	손석기	광주시 방림2동	〃	20	공예	5. 21	우비골신경마비 우슬다동맥절단	99	〃
259	최영철	광주시 학3동	〃	20	도안사	〃	요부파편창	28	〃
260	서순열	담양군 창평면	〃	24	운전원	〃	두개골함몰골절	65	〃
261	정복철	순천시 조곡동	〃	20	회사원	〃	우수골골절	61	〃
262	최현철	광주시 양1동	〃	16	학생	〃	좌요골골절	23	〃
263	현용식	영암군 신북면	〃	18	농업	〃	우대퇴부 개방성골절	142	〃
264	문제인	광주시 농성동	〃	41	잡화상	〃	우대퇴부총상	37	〃
265	박병준	광주시 궁동	〃	18	양복점	〃	슬관절부총상	33	〃
266	노형규	광주시 광천동	〃	19	·	〃	늑골골절	1	〃
267	문병호	광주시 내방동	〃	29	목공	〃	좌둔부 및 대퇴부총상	69	〃
268	이문창	광주시 서2동	〃	31	무	〃	복부관통창	114	〃
269	윤점숙	광주시 산수동	여	25	무	〃	좌상박부 복잡골절	112	〃
270	오만석	광주시 양동	남	25	목공	〃	우대퇴부 다발성 파편창	20	〃
271	서병선	광주시 서2동	〃	40	회사원	5. 19	좌전박부골절	51	〃
272	장재규	화순군 동북면	〃	26	석공	5. 23	우대퇴부총상	28	〃
273	박석룡	대구시 농원동	〃	29	운전원	5. 21	안면부 타박사 뇌진탕 우대퇴부 골절	25	〃
274	전황금	광주시 쌍촌동	〃	53	노동	〃	우치골골절	181	〃
275	윤희정	광주시 황금동	여	22	무	〃	좌제7늑골골절	36	〃
276	신영미	광주시 용산동	〃	22	회사원	〃	좌대퇴부 분쇄골절	128	〃

순번	성 명	주 소	성별	연령	직업	부상 일시	상병명	치료 추정 기간	치 료 기관명
277	홍금숙	광주시 주월동	〃	18	·	〃	좌수 및 전박부피 편창 좌수지 신전건 절단	24	〃
278	이수용	해남경찰서	남	39	경찰	〃	우견갑관절탈구	25	〃
279	김주명	광주시 중흥2동	〃	20	학생	〃		81	〃
280	김종순	광주시 충효동	〃	28	운수업	〃	우경골골절	96	〃
281	김재홍	광주시 계림3동	〃	20	학생	〃	좌하지발목절단, 우족골절	159	〃
282	김재명	광주시 양림동	〃	31	공무원	〃	우견갑관절총상	54	〃
283	김나광	광주시 백운동	〃	19	무	〃	좌대퇴골 분쇄골절	150	〃
284	김정일	광주시 백운동	〃	38	제화공	5. 24	우비골견골골절 타박상	91	〃
285	김태성	광주시 운암동	〃	41	노동	5. 18	양족골골절	74	우성정형외과
286	홍성수	광주시 북동	〃	35	종업원	5. 21	좌하퇴부 경골골절	78	〃
287	강두구	광주시 백운동	〃	34	운전기사	5. 19	곡골골절 형훌 두부열	42	〃
288	박형기	광주시 산수2동	〃	21	학생	53 19	양족골골절	74	〃
289	오일석	광주시 중흥2동	〃	15	학생	53 21	골반골절 상악골 골절	11	〃
290	박병선	광주시 중흥1동	〃	26	공원	5. 19	두부열창 하퇴부열창	15	〃
291	김형우	광주시 (세한상사)	〃	30	회사원	5. 19	상박골절 좌하퇴부자상	13	〃
292	김정자	광주시 계림1동	여	38	회사원	5. 23	가스중독중	2	〃
293	하선영	담양 남면	남	21	회사원	5. 19	좌상 상박부 대퇴부좌	9	〃
294	모남선	숭의실고 3년	〃	20	학생	5. 21	쇄골분쇄골절 뇌자상	1	〃
295	김순태	세한상사	〃	30	·	5. 19	요추부 상박부 좌상 하퇴부	3	〃
296	지대위	광주시 진월동	〃	20	·	5. 24	심부열창 감열창	22	〃
297	정삼진	목포시 산정동	〃	31	운전원	5. 23	안면관통상	97	목포골롬반
298	최병귀	광주시 양동	〃	29	〃	·	두부미상	19	임학택외과

순번	성 명	주 소	성별	연령	직업	부상 일시	상병명	치료 추정 기간	치 료 기관명
299	김상진	광주시 계림2동	〃	9	·	5. 22		91	우제인정형외과
300	고정은	광주시 황금동	〃	25	학생	5. 21	기흉 및 혈흉 좌측 제9성골절	9	복음외과
301	진병선	광주시 우산동	〃	22	〃	5. 21	우측대퇴부총상 개방성골절	26	〃
302	장재범	광주시 금동	여	50	·	·	두부심부열창	9	〃
303	정덕성	광주시 장동	남	25	·	5. 21		10	김화중정형외과
304	이재춘	광주시 방림2동	〃	22		〃	다발성 타박상	2	손정모정형외과
305	신상재	고흥군 고흥면	〃	29	운전원	〃		6	〃
306	양경모	화순군 화순읍	〃	19		〃	관통총상 고결 손개방성	25	〃
307	서형석	부산시 대청동	〃	21		5. 22	열장 및 혈종두정부	8	〃
308	백계남	광주시 누문동	〃	41	무	5. 21	뇌좌상	23	서석병원
309	강영복	전주시 동완동	〃	34	회사원	5. 20	우대퇴부다발성 열창 뇌좌상	27	〃
310	김재성	고흥군 풍향면	〃	30	운전기사	5. 19	두부타박상 뇌진탕	26	〃
311	김명호	광주시 대인동	〃	34	회사원	5. 21	좌대퇴부 관통	26	〃
312	문현주	영광군 백수면	〃	18	학생	5. 24	두개골골절, 뇌진탕	4	〃
313	김갑진	광주시 서석2동	〃	31	운전기사	5. 18	쇄골골절, 뇌진탕 다발성열탕	5	〃
314	장윤주	광주시 학3동	〃	17	학생	5. 20	두피다발성 열상 및 타박상	4	〃
315	정두진	화순군 도곡면	〃	21	〃	5. 20	두피다발성 열상 및 타박상	13	손종일외과의원
316	김재은	화순군 도곡면	〃	22	〃	5. 20	타박상배부 및 우측 주관절부 우족열상	6	〃
317	박순기	광주시 양동	〃		·			46	광주제일의원
318	김동문	목포시 용해동	〃	47	운전원	5. 22	좌하퇴부파편창	64	목포김형식외과
319	김영관	광주시 계림2동	〃	24	·	5. 19	늑골골절표제손 상배부	3	이상현외과의원

순번	성 명	주 소	성별	연령	직업	부상 일시	상병명	치료 추정 기간	치 료 기관명
320	양동인	광주시 금남로	〃	30	·	5. 21	표제손상 두부 흉부배부 및 하지손상	12	〃
321	차성준	광주시 산수3동	〃	26	·	5. 21	총상하부퇴부 및 좌견가부	13	〃
322	박병률	광주시 지산동	〃	24	학생	5. 23	뇌진탕	6	무안 박병원
323	이동기	무안군 무안읍	〃	19	토목기사	〃	발목관통상	53	〃
324	유상준	나주 영산포읍	〃	23	무	〃	전신다발성 파편이물	35	목포이외과의원과
325	강석신	나주 영산포읍	〃	18	·	·	개방성 복합골절 우족	2	도립 강진병원
326	정삼덕	해남 문내면	〃	19	학생	5. 23	대장 및 소장파열	66	보성종합
327	박홍수	광주시 신안동	〃	18	학생	5. 21	간장파열 등	50	〃
328	홍인주	나주 영산포읍	〃	23	방위병	5. 23	하악골 골절	32	〃
329	배상선	해남군 삼산면	〃	25	농업	〃	좌대퇴부 경부골절	114	〃
330	김병룡	해남군 해남읍	〃	19	학생	〃	좌늑골 골절	23	〃
331	장해인	해남군 해남읍	〃	14	〃	〃	우족상박부 신면부 조직 손상 등	134	〃
332	곽봉무	목포시 산정동	〃	19	〃	5. 21	두부타박상	10	목포적십자
333	박상호	목포시 산정동	〃	38	·	5. 21	뇌좌상	16	〃
334	김호성	목포시 죽교동	〃	27	전공	5. 23		46	목포시립병원
335	윤점숙	광주 국세청	여	24	·	5. 23	좌측상박관통	9	목포박성형외과
336	박석용	대구시 노원동	남	28	·	·	우측대퇴골골절 우측 제1족지 개방성분쇄골절	45	최성구정형외과
337	이영순	나주 금천면	여	27	·	5. 22	총상	16	나주김정웅외과
338	정영대	화순군 동복면	남	16	·	5. 25	왼쪽다리관절 부총상	3	순천 정의원
339	강상원	고흥군 고흥읍	〃	46	공무원	5. 26	목관통창	20	벌교 문의원
340	서영호	나주군 다시면	〃	27	·	·	후경부(목) 관통창	68	대우병원
341	공호택	전북 남원군	〃	31	·	·	우측치골궁골절	42	성심병원

순번	성 명	주 소	성별	연령	직업	부상 일시	상병명	치료 추정 기간	치 료 기관명
342	박철옥	영광군 군서면	〃	18	학생	5. 21	좌흉부총상	12	윤종현의원
343	김정수	순천시 조곡동	〃	22	·	5. 19	왼쪽흉부좌상	2	순천김은수외과
344	권상호	광주시 유동	〃	18	학생	5. 21	뇌진탕 열상전두부 결막하출혈	11	영남신경외과
345	조동진	광주시 두암동	〃	23	·	〃	우대퇴부 파편창 급이몰	22	김명청외과의원
346	박진형	광주시 계림동	〃	25	회사원	〃	좌전박부 파편창 전흉부파편창 급이몰	7	〃
347	김영태	광주시 학2동	〃	45	무	〃	좌대퇴부 관통통창	26	김정형외과
348	정병식	광주시 산수2동	〃	22	학생	5. 24	좌고관절부 파탄창	9	〃
349	김후식	광주시 산수동	〃	39	무	5. 21	좌상박부 관통통창 척골신경마비	16	〃
350	정기봉	광주시 산수2동	〃	49	공무원	5. 21	우족부속 근절골절	26	〃
351	김청일	광주시 대인동	〃	39	무	5. 20	우족근절 선상골절	58	〃
352	표경수	광주시 운정동	〃	41	무	〃	좌비골골절	27	〃
353	박현구	광주시 임동	〃	42	무	〃	우슬관절부 혈종좌하퇴부 다발성창	23	〃
354	정택균	광주시 계림1동	〃	36	공무원	5. 24	좌쇄골골절	23	〃
355	김선남	광주시 구례읍	〃	26	무	5. 19	좌족근골 분쇄골절	41	〃
356	박용준	광주시 겸백면	〃	32	·	5. 22	요추부타박상 및 피하출혈증	7	〃
357	박원호	미상	〃	20	·	5. 21		4	〃
358	김상환	광주시 월산1동	〃	30	운전사	〃	우측대퇴부 관통상	37	어수원외과
359	신맹조	광주시 신안동	〃	31	무	5. 21	우측늑골골절 폐손상 및 혈흉	42	〃
360	신상균	곡성군 목사동면	〃	20	무	〃	좌대퇴부 관통창 및 박피창	24	〃

순번	성 명	주 소	성별	연령	직업	부상 일시	상병명	치료 추정 기간	치 료 기관명
361	안민구	광주시 계림1동	〃	52	회사원	5. 22	좌견갑부골절 우견갑부 골종	45	〃
362	임춘태	구례군 산동면	〃	20	〃	5. 21	좌견갑관절 염좌혈종	636	〃
363	장현우	광주시 문화동	〃	27	·	5. 22	좌대퇴부혈종 뇌진탕	36	〃
364	이문영	광주시 양1동	〃	42	상업	5. 19	두개골 및 두피절골절 우측고막파열	75	〃
365	박신열	광주시 풍향동	〃	42	회사원	5. 21	우슬개골절 두부혈종	86	〃
366	김명수	광주시 우산동	〃	40	운전기사	〃	다발성자상 및 혈종 요추부 염좌	27	〃
367	범정진	광주시 신안동	〃	40	〃	〃	다발성 좌상 및 좌족관절염좌	31	〃
368	신성준	순창군 구림면	〃	23	회사원	〃	다발성좌상 및 혈종 뇌좌상	23	〃
369	유기성	순창군 구림면	〃	19	〃	〃	좌흉부좌상요추 부좌상혈종	20	〃
370	신병섭	곡성군 고달면	〃	22	〃	〃	우측 족관절부염좌	2	〃
371	김재홍	광주시 계림3동	〃	20	〃	〃	우측 족관절부염좌		영산포조외과
372	한순금	고흥군 도양면	〃	47	〃	5. 22	골절	17	순천김동진외과
373	한춘자	고흥군 도양면	〃	39	〃	5. 22	슬관절열상 및 타박상	5	〃
374	전술영	무정면 평지리	〃	32	〃	5. 21	외상	1	담양의원
375	정민호	광주시 중흥동	〃	41	〃	5. 18	뇌진탕 흉부 전신타박	6	노준채외과
376	기진화	목포시 용당2동	〃	19	〃	5. 18	안면열창 비골골절	4	〃
377	이원배	광산구 비아면	〃	66	〃	5. 21	열창 후전두부	2	조세현외과
378	박금석	광주시 방림2동	〃	52	〃	5. 21		10	영산포조외과
379	심석우	경남 양산군	〃	32	무	5. 22	관통총상 우측상지	40	전북대학병원

순번	성 명	주 소	성별	연령	직업	부상 일시	상병명	치료 추정 기간	치 료 기관명
380	박경수	경남 양산군	〃		〃	5. 22	비장파열 늑골골절 좌횡경막천공	33	〃
381	신후식	나주 영상포읍	〃		〃	5. 21	우족대퇴부열창	90	영산포조외과
382	홍순만	함평군 대동면	〃	33	·	5. 20	흉부파편창	2	최의과의원
383	김용식	광주시 임동	〃		·	5. 50	판편창	1	〃
384	홍 난	광주시 유동	〃	33	주부	5. 27	후두부관통통상	6	〃
385	김기영	광주시 금남로	〃	7	·	5. 22	우측척골골절	8	김정엽정형외과
386	안성준	광주시 대인동	〃	16	무	5. 19	골반선상골절	28	〃
387	장치봉	광주시 수기동	〃	20	회사원	5. 21	다발성늑골골절 좌측척골골절	26	〃
388	이관주	광주시 신안동	〃	35	상업	5. 21	양측대퇴부 관통상	26	〃
389	김용인	광주시 우산동	〃	29	·	5. 21	우측고관절염좌	21	〃
390	이문수	광주시 동운동	〃	28	회사원	5. 18	좌측 척골골절, 뇌진탕	29	〃
391	김재수	담양 대덕	〃	26			우측흉부관통상	2	안정남외과
392	박남규	광주시 신안동	〃	25	·	5. 20	뇌진탕 및 전두부열창 전신타박상	3	〃
393	장재춘	광주시 백운동	〃	47	운전기사	5. 20	우견갑부및 흉부파편창	28	〃
394	윤영철	광주시 소태동	〃	25	무	5. 18	전두부타박상 및 열창 양측견갑부 타박상	6	〃
395	해정구	광주시 운암동	〃	40	회사원	5. 22	흉부파편창 좌측족관절 관통상	27	〃
396	김상철	광산군 송정읍	〃	20	·	5. 21	흉부총상	2	깅승완외과
397	박성길	광주시 백운동	〃	18	학생	5. 20	좌척골 복작골절 양하퇴부 타박상	42	〃
398	최현진	광주시 방림동	〃	20	회사원	5. 21	우대퇴골 골절	95	〃
399	방이용	광주시 대인동	〃	49	상업	5. 20	뇌진탕 제3수지 중수골 골절	13	〃
400	김영호	광주시 서산동	〃	20	무	5. 19	전신타박상 요추염좌	23	〃

순번	성 명	주 소	성별	연령	직업	부상 일시	상병명	치료 추정 기간	치 료 기관명
401	지청룡	서울시 서초동	〃	29	상업	5. 19	좌척골 골절 족관절부 염좌	31	〃
402	홍오선	광주시 중흥동	〃	29	회사원	〃	다발성 두부열상 뇌진탕	27	〃
403	봉복룡	광주시 중흥동	〃	40	〃	〃	하악골탈구 안면부타박	27	〃
404	최동순	광주시 학운동	〃	52	〃	5. 21	기흉, 뇌진탕, 늑골골절	65	〃
405	이시정	광주시 양3동	〃	6					통합병원
406	윤석준	광주시 농성동	〃	16		5. 21	총상	20	전대병원

3. 외래 부상자 명단

총 452명

순번	성 명	주 소	성별	연령	직업	부상 일시	상병명	치료 추정 기간	치 료 기관명
1	박운규	광주시 유덕동	남	21		5.24	외선신경마비	1	전대병원
2	진수전	광주시 화정동	여	47		5.31	발목염좌	1	〃
3	이순진		남	20		5.21	두부총상	2	〃
4	최덕춘	광주시 학운동	남	52		5.26	사망	1	〃
5	최덕춘의처	〃	여	36		〃	〃	1	〃
6	박정숙	광주시 광산동	남	49		5.31	척추돌기골절	2	〃
7	장준호	목포시 북교동	남	23		5.29	복통	1	〃
8	문병학	전북 정읍	남	23		〃	〃	1	〃
9	강길조	광주시 임동	남	39			좌측다발성늑골 골절	4	〃
10	이금석	광주시 임동	남	12				5	〃
11	이문수	광주시 동운동	남	28			좌하박골절	1	〃
12	무명남자		남			5.23	사망	1	〃
13	유동기	광주시 화정동	남	27		5.22	안면열상	1	〃
14	신병천	광주시 농성동	남	17		〃	앞이마열상	1	〃
15	무명남자	불명	남			5.21	두피·측·두부총상	1	〃
16	〃	〃	남	25~30		5.22	뇌간상해	1	〃
17	〃	〃	남	15		5.21	두부총상	1	〃
18	〃	〃	남			〃	도착시사망	1	〃
19	고정태	광주시 대의동	남	27		〃	〃	1	〃
20	박재술	광주시 봉선동	남	22		5.27	지절절단	1	〃
21	장재범	광주시 금동	남	24			약물중독	1	〃
22	정향규	전남 함평군	남	33		5.25	독침빤환자	1	〃
23	고재웅	전남 영암군	남	18		5.26	다리및경골총상	1	〃
24	박철연	광주시 쌍촌동	남	25		5.24	두피열상	1	〃
25	최봉주	광주시 백운동	남	21		5.22	앞이마열상	1	〃
26	무명남자		남			5.21	도착시사망	1	〃

순번	성 명	주 소	성별	연령	직업	부상 일시	상병명	치료 추정 기간	치 료 기관명
27	박재문		남	22		〃	좌측대퇴견인	1	〃
28	무명남자		남			〃	도착시사망	1	〃
29	윤행근	광주시 학2동	남	23		〃	복부총상	1	〃
30	유진관	광주시 산수동	남	21		5.23	두부총상	2	〃
31	안병섭	광주시 임동	남	23		〃	허벅다리총상	1	〃
32	강영훈	광주시 문화동	남	19		5.25	전기화상	1	〃
33	최 현	광주시 학운동	〃	7		5.22	도착시사망	1	〃
34	강공수	전남 나주군	〃	24		5.23	배부총상	4	〃
35	박원주	광산군 서창면	〃	18		〃	두부총상	1	〃
36	최성호	광주시 방림동	〃	24		〃	총상	1	〃
37	박용기	광주시 산수동	〃	26		5.22	찰과상	1	〃
38	이기홍	광주시 중흥동	〃	27		〃	안검및안열상	1	〃
39	배균석	광주시 화정동	〃	15		〃	찰과상	1	〃
40	송현수	전남 담양군	〃	21		〃	앞팔총상	1	〃
41	조미은	광주시 신안동	〃	4		5.23	상완골, 골절	1	〃
42	서입석	광주시 농성동	〃	27		5.22	손바다손상	1	〃
43	이청규		〃	22		5.18	뇌진탕	1	〃
44	손치근	광산군 비아면	〃	27		〃	복부좌상	1	〃
45	최재강	광주시	〃			〃	두피열상	1	〃
46	이현조	광주시 월산4동	〃	21		5.29	어깨골절	1	〃
47	황종호	광주시 백운동	〃	24		5.24	쇄골골절	8	〃
48	박유일	광주시 월산동	〃	37		〃	앞팔열상	1	〃
49	정태진	전남 나주군	〃	20		5.23	복부통증	1	〃
50	최병호	광주시 방림동	〃	31		5.25	왼쪽다리총상	1	〃
51	오동수	광주시 소태동	〃	50		5.23	허벅다리총상	1	〃
52	조상옥	광주시 양동	〃	17		5.24	궁둥이총상	1	〃
53	송승현	광주시 지산동	〃	17		5.23		1	〃
54	백영수	광주시 학2동	〃	28		〃	늑골골절	5	〃
55	서병주	전남 영광군	〃	28		〃	하지총상	1	〃

순번	성 명	주 소	성별	연령	직업	부상 일시	상병명	치료 추정 기간	치 료 기관명
56	최경복	광주시 주월동	〃	23		〃	앞이마상해	1	〃
57	서형석	광주시 남동	〃	21		5.21	뇌진탕	2	〃
58	임 건	광주시 양2동	〃	17		〃	뇌좌상두개골골절	1	〃
59	오혜진	전남 함평군	〃	26		〃	좌측경골골절	1	〃
60	윤나용	전남 함평군	〃	32		〃	요부염좌	4	〃
61	김병렬	전북 군산시	〃	19		〃	안검열상	1	〃
62	민옥태	전남 화순군	〃				좌측요부염좌	1	〃
63	이효은	광주시 학동	〃	20		5.21	우피열상	1	〃
64	박현준	광주시 학동	〃	27		5.29	뇌좌상두개골골절	12	〃
65	강희준	광주시 학3동	〃	17			좌측몸통총상	2	〃
66	박종기	광주시 양림동	〃	16		5.21	좌측몸통총상	3	〃
67	정규용		〃			〃	안구좌상	1	〃
68	최봉일	광주고속	〃	24		〃	요골골절	1	〃
69	박상철	광주시 서석동	〃	13		〃	우측옆구리 복막총상	1	〃
70	이기은	전남 나주군	〃	23		5.22	안명손상및 팔꿈치상해	1	〃
71	최영진	광주시 광천동	〃	10		5.21	알팔총상	1	〃
72	나홍수	광주 계림동	〃	33		〃	총상	1	〃
73	임경래	전남 나주군	〃	22		〃	촉골골절	1	〃
74	나승정	전남 장성군	〃	25		5.22	두피열상	1	〃
75	이정수		〃	37		〃	뇌좌상, 두개골골절	1	〃
76	이용일	광주 학동	〃	32		〃	요부염좌	2	〃
77	정민국		〃	23		〃	총상	1	〃
78	조다성	광주시 서동	〃	22		〃	찰상	1	〃
79	남성래	광주시 백운동	〃	36		〃	늑골골절	1	〃
80	박현주		여	26		〃		1	〃
81	정태중	광주시 방림동	남	24		5.23	탄환상해	1	〃
82	박홍수	광주시 신안동	〃	17		7.11	후복막혈복증	4	〃

순번	성 명	주 소	성별	연령	직업	부상 일시	상병명	치료 추정 기간	치 료 기관명
83	장형규	광주시 유문동	〃	21		5.18	어깨팔목통증	1	〃
84	이재인		〃	23		〃	두피열상	1	〃
85	이연수	광주시 양동	〃	37		〃	무릎, 팔목 염좌	3	〃
86	노문철	전남 담양군	〃	21		5.20	두피열상복부통증	3	〃
87	남호광	전남 고흥군	〃	19		5.18	비골골절	9	〃
88	고광문	광주시 치평동	〃	28		5.21	진탕두개골골절	1	〃
89	조경숙	광주시 광천동	여	20		5.19	두피열상	1	〃
90	조재필	광주시 방림동	남	28		5.20	〃	2	〃
91	성낙현	광주시 월산동	〃	35		5.19	〃	1	〃
92	이 현	광주시 백운동	여	22		〃	눈썹 부위열상	1	〃
93	박남규	광주시 중흥동	남	24		〃	앞이마열상	4	〃
94	김창진	서울 흑석동	〃	23			〃	1	〃
95	김호중	광주시 학동	〃	24		5.22	좌측흉부총상	1	〃
96	김종학	광주시 유동	〃	23		5.21	〃	1	〃
97	김봉수	전남 진도군	〃	48		5.23	앞이마열상	1	〃
98	김종화	광주시 월산동	〃	27		5.22	찰과상	1	〃
99	김은수	광주시 백운동	〃	28		5.19	앞이마흉부상해	2	〃
100	김종수	광주시 문화동	〃	42		5.24	팔목염좌, 두피좌상	1	〃
101	김정수	광주시 풍향동	〃	22		5.23	두피열상	1	〃
102	김영남	광주시 황금동	〃	25		〃	배부염좌	1	〃
103	김용재	광주시 화정동	〃	15		〃	좌측팔운동장애	1	〃
104	김억주	광주시 중흥동	〃	26		5.20	내장파열, 하악골골절	1	〃
105	김정기	광주시 학동	〃	29		5.21	앞이마열상	1	〃
106	김상구	전남 나주군	〃	23			조착시사망	1	〃
107	김광석	광주시 농성동	〃	25		5.21	총상	1	〃
108	김홍기	광주시 중흥동	〃	63		5.23	뇌좌상두개골골절	1	〃
109	김정자	광주시 계림1동	〃	37		5.30	화학적결막염	5	〃
110	김형빈	광주시 학운동	〃	25		〃	배부염좌	1	〃

순번	성 명	주 소	성별	연령	직업	부상 일시	상병명	치료 추정 기간	치 료 기관명
111	김용섭	광주시 운암동	〃	17		5.21	좌측경부관통상	1	〃
112	김동구	전남 강진군	〃	20		5.19	두피열상	1	〃
113	김상곤	전남 함평군	〃	58		〃	안면열상	2	〃
114	김왕기	광주시 중흥동	〃	17		〃	두피, 손열상	20	〃
115	정찬용		〃			5.21	두피관통상	1	〃
116	조남신		〃			〃	〃	1	〃
117	임규수		〃			〃	〃	1	〃
118	황진하	광주시 양림동	〃	24			개방창	1	〃
119	박창식	광주시 방림동	〃	23		5.22	손개방창	1	〃
120	최성만	광주시 중흥동	〃	28		5.21	안면부개방창	1	〃
121	최동일	광주시 방림동	〃	19		5.25	표재손상	1	〃
122	박길순		〃	68		5.21	두부개방창 표제손상	1	〃
123	윤쌍선	광주시 임동	여	21		〃	표재손상	1	〃
124	김나영		남	23		〃	흉부개방창	1	〃
125	이병섭	광주시 금동	〃	25		〃	파편상	1	〃
126	이기훈	전남 나주군	〃			〃	안면부파편상	1	〃
127	천수기	광주시 학2동	〃			〃	안면부개방창	1	〃
128	곽상명	광주시 주월동	〃			〃	우하악골통증 두부의 개방창	1	〃
129	윤영배	광주시 방림2동				〃	발목개방창	1	〃
130	서남식	광주시 지산2동	남			〃	두부개방창		〃
131	노대현	광주시 양2동	〃	22		5.23	상지의화상	1	〃
132	장학문	광주시 월산3동	〃			5.22	흉부의 개방창	1	〃
133	정일진	광주시 방림1동	〃			5.26	흉부총상	1	〃
134	문제완					5.23	대퇴부관통상	1	〃
135	성명미상A	미 상				5.21	두부총상(사망)	1	〃
136	성명미상B	〃	남			〃	〃	1	〃
137	성명미상C	〃	〃			〃	〃	1	〃
138	성명미상D	〃	〃			〃	〃	1	〃

순번	성 명	주 소	성별	연령	직업	부상 일시	상병명	치료 추정 기간	치 료 기관명
139	박금희	춘태여상 3년	여			〃	요부및복부관통상	1	〃
140	전영진	광주시 풍향동	남			〃	두부관통상	1	〃
141	채이병	전남 담양군	〃			〃	복부관통상	1	〃
142	조사현	광주시 계림동	〃			〃	흉부관통상	1	〃
143	이성자		여	19		5.21	두부총상	1	〃
144	손광석	광주시 방림1동	남	19		〃	좌우흉부총상	1	〃
145	안병태	광주시 풍샹동	〃			〃	두부관통	1	조대병원
146	김용택	광주시 농성동	〃			〃	좌경관절총상	2	〃
147	김태진	서울 관악구				5.23	찰과상	1	〃
148	김상구	전남 보성군	남			5.21	두부열상	1	〃
149	김경복	전남 나주시	〃			〃	안면부개방창	1	〃
150	고윤춘	광주시 서구	〃	39			흉부좌상늑골골절	19	〃
151	유수미	광주시 쌍촌동	여	10			쌍안검파편창좌 안의 상선망막염	28	〃
152	양성진	전남 담양군	남	19		5.22	팔꿈치타박상	1	〃
153	고성애	전남 담양군	여	22		5.18	〃	1	〃
154	송세권	전남 함평군	남	28		〃	두부타박상	1	〃
155	이철호	전남 여수시	〃	23		〃	〃	1	〃
156	이용배	공수부대 소위	〃	28		5.19	외상선동공상 태조자체출혈	1	〃
157	공정기	전남 고흥군	〃	27		〃	두부타박및열상	1	〃
158	오춘수	전남 해남군	〃	19		〃	두부및동타박상	1	〃
159	박용길	공수부대 중사	〃	25		5.20	두부타박상	1	〃
160	배재훈	광주시 산수동	〃	13		5.22	〃	1	〃
161	김해정	광주시 중흥동	여	19		〃	두부타박상	1	〃
162	김윤희	광주시 지산동	〃	19		〃	파편상	15	〃
163	김관근	군인	남			5.20	좌상박골타박상	1	〃
164	김영삼	공수부대 중위	〃	27		5.19	하부열상	1	〃
165	최중일	광주시 중흥동	〃	29		5.22	흉부총상	1	광주적십자
166	이재철		〃	21		〃	복부관통상	1	〃

순번	성 명	주 소	성별	연령	직업	부상 일시	상병명	치료 추정 기간	치 료 기관명
167	고광근		〃	34		5.22		1	〃
168	장용구		〃			5.24	우측관절타박상	3	〃
169	진정일	광주시 지원동	〃	40		〃	둔부총상	1	〃
170	강성중	전남 나주군	여	33		5.22	우족총상	6	〃
171	신명식	광주시 동명동	남	21		5.21	총 상	1	〃
172	양일권	광주시 지산동	〃	18		5.22	〃	3	〃
173	최동진	광주시 양림동	〃	29		〃	타박상	1	〃
174	이양구	광주시 송정읍	〃			〃	대퇴부총상	1	〃
175	강성필	광주시 충장로	〃	28		〃	우총부탁박상	3	〃
176	조정욱	아세아자동차	〃	38		〃	완관절골절	3	〃
177	임해만	전남 장성군	〃	21		〃	우측견갑부타박상 및복부타박상	4	〃
178	조성규	광주시 소태동	〃	24			양슬관절타박상	2	〃
179	조종기	광주시 황금동	〃	35		5.22	요니딘부타박상	1	〃
180	백흥남	광주시 계림1동	여	35			두부타박상	1	〃
181	오병춘	광주시 신안동	남	28		5.22	〃	1	〃
182	전병식	광주시 산수2동	〃	22		5.23	좌서혜부총상	1	〃
183	용의석	96연대 11대대	〃	22		5.19	두부열상	1	〃
184	윤영원	망월(69)	〃	35		5.21	우측총상	2	〃
185	심복남	광주시 월산2동	〃	33		〃	간파열	2	〃
186	박기철	광주시 장동	〃	23		5.22	열 상	2	〃
187	정태준	전남 나주군	〃	20		5.24	타박상	1	〃
188	박창곡	미상	〃	15			사망후도착	1	〃
189	박형옥	광주시 서2동	〃	27		5.28	흉부열상	1	〃
190	곽기배	전남 목포시	〃	21		5.21	외관절타박상	1	〃
191	차기수	광주시 용봉동	〃	22		5.22	좌측대퇴골창상	7	〃
192	무명남	미 상	〃	62		〃	총 상	1	〃
193	이창순	광주시 서동	〃	31		5.21	열 상	1	〃
194	오봉렬	광주고속 직원	〃			5.23	의식불명	1	〃

순번	성 명	주 소	성별	연령	직업	부상 일시	상병명	치료 추정 기간	치 료 기관명
195	박종식			29		5.22	안면부열상	3	〃
196	서성환	광주시 양동	남	22		〃	타박상	1	〃
197	강인기	광주시 중흥동	〃	22		5.23	열 상	1	〃
198	성낙기	광주시 삼소동	〃	25		5.22	의식혼미	1	〃
199	강승원	전남 장성군	〃	20		5.23	교통사고	1	〃
200	양숙이	광주시 쌍촌동	여	19		〃	현기증	1	〃
201	원동근	전북 전주시	남	21		5.22	타박상	1	〃
202	이영기	광주시 광산구	〃	26		5.21	〃	1	〃
203	정광식	광주시 누문동	〃	19			두부열상	1	〃
204	정지만	전남 담양군	〃	23		5.23	우측4수지열상	6	〃
205	오만호	광주시 중흥동	〃	20		5.22	총상	1	〃
206	이강호	광주시 광천동	〃	55		〃	슬관절타박상	3	〃
207	손도기	광주시 양림동	〃	48		5.21	두부열상양하지 요배부타박상열상	4	〃
208	조동일	광주시 유동	〃	30		5.22	열 상	2	〃
209	정현택	광주시 임동	〃	25		5.21	흉부총상	1	〃
210	임경열	광주시 불로동	〃	19		5.21	열 상	1	〃
211	이진형	군인(공수부대)	〃	23		5.22	사 망	1	〃
212	정양균	전남 승주군	〃	18		5.21	우수지좌수관절	2	〃
213	정수선	광주시 풍향동	〃	19		〃	우수지열상	1	〃
214	고재경	광주시 동명동	〃	25		5.22	우측완관절골절 우측주관절열상	2	〃
215	오연동	광주시 농성동	〃	26		5.31	흉부교통사고	2	〃
216	이지현	전남 화순군	〃	28		5.23	안면부열상	2	〃
217	유판열	광주시 계림1동	〃	27		5.29	견갑부총상	1	〃
218	정선호	광주시 학1동	〃	25		5.21	좌갑부총상	1	〃
219	이응재	광주시 화정동	〃	15		5.29	좌주관절열상	4	〃
220	이숙자	광주시 충장로	〃	35		5.28	양슬관절타박상	3	〃
221	이병홍	광주시 화정동	〃	36		〃	두부및우수지열상	4	〃
222	박원종	광주시 농성동	〃	31		〃	좌하지관통상	8	〃

순번	성 명	주 소	성별	연령	직업	부상 일시	상병명	치료 추정 기간	치 료 기관명
223	박철원	전남 완도군	〃	25		5.25	두부열상	4	〃
224	안병식	광주시 지산동	〃			5.26	우하지타박상	1	〃
225	강대인	광주시 광산구	〃	56		5.28	두부타박상 교통사고	1	〃
226	고정삼	광주시 장동	〃	26		5.22	두부타박상	3	〃
227	방종호	전남 함평군	〃	30		〃	우측상박골총상	3	〃
228	이형민	광주시 계림3동	〃	21		〃	총 상	4	〃
229	이영환	광주시 운암동	〃	23		5.28	양하지 타박상	3	〃
230	진전백	광주시 금남로	〃	65		5.22	사 망	1	〃
231	박진성	광주시 임동	〃	19		5.21	좌사압꼴총상	1	〃
232	이군손	광주시 충장로	〃	22		〃	견갑부파편상	1	〃
233	민권기	전남 화순군	〃	24		5.22	전선타박상	3	〃
234	정철남	광주시 호남동	〃	35		〃	두부열상	2	〃
235	박난호	광주시 두암동	여	43		5.24	열 상	1	〃
236	오일랑	광주시 월산동	남	38		5.21	〃	2	〃
237	도차운	전남 영암군	〃	21		5.22	사 망	1	〃
238	문사열	광주시 방림1동	〃	30		5.24	총 상	1	〃
239	이대성	광주시 사동	〃	26		5.21	족관절타박상	1	〃
240	이재정	전남 나주군	〃	30		5.24	〃	2	〃
241	이은하	광주시 산수동	여	48		5.29	두부타박상	8	〃
242	신현남	광주시 학1동	남	13		5.20	우족열상	1	〃
243	강대일	광주시 양지	〃	56		5.22	타박상	2	〃
244	성동식	광주시 양동	〃	28		〃	우측슬관절	3	〃
245	오양근	전남 나주군	〃	19		5.23	총상	1	〃
246	이정오	전남 영암군	〃	17		5.22	좌견갑부타박상 요배부타박상	2	〃
247	문승식	광주시 방림2동	〃	25		5.23	두부열상	1	〃
248	박종국	광주시 농성동	〃	21		5.22	타박상	1	〃
249	윤기권	광주시 월산동	〃	19		〃	우완관절열상	7	〃
250	김형주	광주시 불로동	〃	45		〃	두부열상	3	〃

순번	성 명	주 소	성별	연령	직업	부상 일시	상병명	치료 추정 기간	치 료 기관명
251	이심복	광주시 계림동	〃	27		5.29	요추골절	8	〃
252	전정호	광주시 소태동	〃	56		5.22	사 망	1	〃
253	이세영	미 상	〃	24		5.21	파편창	2	〃
254	김일호	광주시 광천동	〃	18		5.22	좌수지골열상	3	〃
255	오일량	광주시 월산동	〃	38		〃	안면부열상	1	〃
256	한창우	광주시 사동	〃	19		5.29	가스중독	4	〃
257	배홍남	광주시 계림동	여			5.31	두부타박상	1	〃
258	한창석		남	20		5.21	우측상박골총상	1	〃
259	박창석	전남 화순군	〃	19		5.22	좌슬관절타박상	1	〃
260	정한갑	전남 곡성군	〃	29		〃	우측관절타박상	2	〃
261	박대성	광주시 대인동	〃	27		5.27	흉부타박상	1	〃
262	박영호	광주시 광천동	〃	24		5.24	총 상	2	〃
263	강광식	광주시 백운동	〃	24		5.28	흉부총상	1	〃
264	박월규	광주시 서동	〃	25		5.21	양우지타박상	1	〃
265	정찬홍	전남 화순군	〃	23		5.28	좌둔부타박상	1	〃
266	남길성	광주시 유동	〃	42		5.21	두부열상 요추타박상	22	〃
267	박덕렬	전남 화순군	〃	43		5.23	좌하지타박상	1	〃
268	박진형	광주시 방림1동	〃	25		〃	타박상	5	〃
269	이강중	광주시 산수동	〃	24		5.22	〃	1	〃
270	노성철	광주시 월산동	〃	18		5.23	우하지타박상	2	〃
271	강영수	전북 전주시	〃	36		5.22	우상박부타박상	1	〃
272	오망근	광주시 계림동	〃	48		5.23	우대퇴부타박상	1	〃
273	신행균	전남 보성군	〃	42		5.21	열 상	1	〃
274	김지영	광주시 월산동	여				두부타박상	1	〃
275	김해수	광주시 학동	남	28		5.21	우족타박상	1	〃
276	김화성	광주시 금남로	〃	23		5.22	좌견갑부총상	1	〃
277	김천기	광주시 신안동	〃	18		5.23	타박상	1	〃
278	김정임	광주시 양동	〃	32		5.22	요배부타박상	1	〃

순번	성 명	주 소	성별	연령	직업	부상 일시	상병명	치료 추정 기간	치 료 기관명
279	김정희	광주시 용봉동	〃	31		〃	우측견갑부열상 두부열상	2	〃
280	김등석	광주시 용산동	〃	33		5.29	둔부총상	12	〃
281	김경철	광주시 백운동	〃	29		5.21	의식혼미	1	〃
282	김형일	광주시 백운동	〃	29		〃	도착후 사망	1	〃
283	김금석	광주시 광천동	〃	26		〃	총 상	1	〃
284	김재철	광주시 신안동	〃	27		5.22	두부열상	2	〃
285	김해석	광주시 광산구	〃	26		〃	하악열상	1	〃
286	김 경	광주시 주월동	여	19		5.23	교통사고 흉부타박상	14	〃
287	김 현	광주시 월산동	남	28		5.24	좌족열상	3	〃
288	김재오	광주시 양동	〃	36		5.28	우슬관절타박상	1	〃
289	김영수	광주시 화정동	〃	22		5.21	열 상	2	〃
290	김재천	광주시 충장로	〃	28			늑골골절	5	〃
291	김오영	광주시 양동	〃	24			요부주관절타박상, 흉부타박상	5	〃
292	김종태	광주시 북동	〃	23		5.22	좌하지타박상	1	〃
293	김행용	광주시 금동	〃	25		5.21	복부타박상	1	〃
294	김성곤	광주시 신안동	〃	31		5.22	우하지총상	1	〃
295	김대호	광주시 광산구	〃	25		〃	열 상	1	〃
296	김성중	전남 담양군	〃	33		〃	우족총상	2	〃
297	김광석	전대법대 2년	〃	22		〃	흉부총상	1	〃
298	김병수		〃	22		5.19	안연부열상및 우하지타박상	1	〃
299	김항기	광주시 양동	〃	29		5.22	좌측대퇴부타박상	2	〃
300	김선택	광주시 소태동	〃	46		5.29	늑골골절	10	〃
301	김정자	광주시 계림동	여	37		〃	가스중동	1	〃
302	조영춘	광주시 궁동	남	23		5.22	염좌, 주관절좌	1	〃
303	최동길	광주시 광천동	〃	24		5.19	흉보좌상 두부타박상	1	〃
304	최정아	광주시 동운동	여	45		5.18	좌측발골절	28	〃

순번	성 명	주 소	성별	연령	직업	부상 일시	상병명	치료 추정 기간	치 료 기관명
305	김남일	광주시 송화동	남	37		5.19	우측팔목 콜레스씨골절	3	복음외과
306	최상현	전남 나주	〃			5.21		5	김화중정형외과
307	전주환	광주시 지산동	〃			5.22		5	〃
308	이태성	전일실업고 2년	〃			5.21		4	〃
309	김남호	인성고 3년	〃			〃		11	〃
310	김영철	광주시 광천동	〃			〃		1	〃
311	박제영	광주시 학2동	〃	46		5.21	좌외이옆열상 좌측둔부타박상	2	손종일외과
312	조규형	광주시 학1동	〃	18		〃	우상인검피부열상 좌전박부타박상	4	〃
313	박동강	광주시 학2동	〃	22		5.20	우안부타박및열상	6	〃
314	노인섭	광주시 학1동	〃	48		〃	열상및타박상	8	〃
315	박영만	광주시 학1동	〃	68		5.21	좌흉부타박상	38	〃
316	문예례	광주시 학1동	여	44		5.20	두피열상 둔부타박	8	〃
317	김성남	광주시 학2동	남	21		5.21	좌수지다발성열상 좌상지타박상	1	〃
318	송성봉	광주시 학3동	〃	41		〃	피부열상좌성인 성부다발성찰과 상좌수	1	〃
319	이병제	광주시 방림2동	〃	37		5.20	우둔부오염 파편창	1	〃
320	최중길	전남 나주군	〃	24		5.18	두부열상	1	박윤식외과
321	노성주	광주시 산수3동	〃	25		5.21	좌상박파편창	1	〃
322	최영수	광주시 서2동	〃	29		〃	흉배부타박상	1	〃
323	김명준	광주시 화정동	〃	32		5.20	좌하퇴관통총창	1	〃
324	손선구	전남 나주군	〃	19		5.19	좌안면부열창	1	〃
325	조화동	광주시 문화동	〃	21		5.21	외 상	1	담양동산의원
326	신석중	경남 양산군	〃	67		5.22	〃	1	〃
327	박경구	〃	〃	52		〃	〃	1	〃
328	박만금	전남 담양군	〃	25		〃	〃	1	〃

순번	성 명	주 소	성별	연령	직업	부상 일시	상병명	치료 추정 기간	치 료 기관명
329	신상조	광주시 풍향동	〃	27		5.21	〃	1	〃
330	김윤재	광주시 산수1동	〃	45		5.22	총상우하지	18	이상현외과
331	박근단	광주시 계림2동	〃	30		〃	표재손상 배부 어깨 양팔좌무릎	8	〃
332	배석준	광주시 계림1동	〃	45		5.20	흉부의 표제성 손상	3	〃
333	송안종	광주시 계림3동	〃			5.18	두부개방창	1	〃
334	박상철	광주시 계림3동	〃	55		5.19	파편총상	3	〃
335	차정호	광주시 계림동	〃	39		5.21	두부개방창	2	〃
336	변채현	광주시 풍향동	〃	18		〃	상완골골절	1	〃
337	윤석준	광주시 농성동	〃	16		5.21	양측둔부관통상	1	〃
338	오근호	전남 목포시	〃	20			우측3,4지손가락 봉합수술	1	〃
339	송진석	광주시 양2동	〃						
340	김영길	전남 구례군	〃	26		5.28	관통창	8	
341	설용남	전남 담양군	〃	27		5.25	외상	1	
342	최종삼	광주시 지산동	〃	42		5.21	우하퇴부파편창 급인물우하퇴부 혈종	30	김명철외과
343	박철현	광주시 계림동	〃	27		〃	파편창급이물	1	〃
344	유관열	광주시 계림1동	〃	27		〃	〃	19	〃
345	양청령	광주시 대인동	〃	22			타박상	1	김정형외과
346	천한식	광주시 백운동	〃	33		5.20	외상	1	〃
347	조용성	광주시 임동	〃	18		〃	〃	1	〃
348	이종복	공정검사과	〃	26		5.21		1	〃
349	하현남	광주시 월산동	〃	29		5.20		1	〃
350	이병갑	광주시 대인동	〃	21		5.21	우견갑부뇌장	1	〃
351	이형근	광주시 중흥2동	〃	27		5.20		1	〃
352	장훈영	광주시 방림1동	〃	28		〃		1	〃
353	박상호	광주시 계림2동	〃	19		5.21	우견갑부뇌장	1	〃
354	이필철	전남 해남군	〃	31		〃		1	〃

순번	성 명	주 소	성별	연령	직업	부상 일시	상병명	치료 추정 기간	치 료 기관명
355	조규명	광주시 풍향동	〃	34		5.23	우측흉벽좌상	1	〃
356	강신춘	광주시 금남로	〃	28		5.19		8	〃
357	오연동	광주시 농성동	〃	26		5.22	우측안면부타박상	1	〃
358	김 복	광주시 운암동	〃	17		5.23		2	〃
359	오환균	광주시 신안동	〃	27		5.23		3	〃
360	박성만	광주시 양림3동	〃	25		5.21		11	〃
361	이순진	광주시 대인동	〃	19		〃		1	〃
362	김득후	광주시 월산2동	〃	24		5.22		1	〃
363	정태준	광주시 방림동	〃	26				1	〃
364	유복남	〃	〃			5.27		1	〃
365	김무관	광주시 양산동	〃	19		5.22	좌대퇴부관총상	1	어수원외과
366	김종현	광주시 양3동	〃	14		〃	우대퇴부파열창 및 찰과상	1	〃
367	송진율	광주시 주월동	〃	21		5.21	찰과상	1	〃
368	김윤철	광주시 화정동	〃	17		〃	〃	1	〃
369	강인선		〃			5.21	관통창(우측상복부)	1	〃
370	오용대	제주도 남제주군	〃	26		5.21	관통창(좌측하퇴부)	1	〃
371	안주승	광주시 광천동	〃	22		5.22	뇌진탕	1	〃
372	최영오	광주시 월산3동	〃	32		5.21	관통창 (좌측대퇴부)	1	〃
373	김덕님	광주시 운암동	여	55		5.22	찰과상(좌우수부 안면부)	1	〃
374	정임기	전남 고서면	남	20		5.21	괴상감염	1	담양의원
375	양원조	전남 봉산면	〃	24		〃	와상	1	〃
376	홍숙희	전남 담양군	여	20		〃	자상	6	〃
377	이새두	전남 담양군	남	21		5.19		10	〃
378	주영진	무정면	〃	25		〃		3	〃
379	전재서	전남 나주군	〃	26		〃	전신타박, 뇌진탕	1	노준채외과
380	성무언	광주시 계림3동	〃	32		〃	안면열창	1	〃
381	박성수	광주시 중흥동	〃	44		〃	우측8늑골골절 전신타박	1	〃

순번	성 명	주 소	성별	연령	직업	부상 일시	상병명	치료 추정 기간	치 료 기관명
382	김희삼	광주시 우산동	〃	52		5.22	경부, 우측상박부 종창	1	〃
383	노종영	광주시 화정동	〃	26		5.18	좌척골골절 열창 좌전두부	15	노세현외과
384	박신태	광주시 학동	〃	44	경찰관	5.14	열창, 우하퇴부	1	〃
385	김용철	광주시 북동	〃	39		5.21	좌상배부 다발성 열창 두부	1	〃
386	윤용택	광주시 광산구	〃	36		5.19	염좌우측관절부	2	〃
387	오광석	광주시 유동	〃	17		5.19	괴양좌서해부	1	〃
388	조경선	광주시 월산2동	〃	40		5.21	찰과상우수	2	〃
389	정기필	광주시 중흥2동	〃			5.19	우측대퇴부찰과상	1	최외과의원
390	김영천	광주시 풍향동	〃			5.21	대퇴부파편창	1	〃
391	남득곤	광주시 금남로	〃	21		5.23	흉부타박상	1	김엽정형외과
392	조이현	광주시 광산구	〃	21		5.18	〃	1	〃
393	박준하	광주기계공고1년	〃	18		〃	전두부열상	1	〃
394	박재숙	광주시 우산동	여	21		〃	후두만열상	1	〃
395	신일재	광주시 용봉동	남	21		5.22	두부열상 및 안면부찰과상	1	〃
396	조정화	전남 승주군	〃	51		〃	척추부견갑부 타박상	1	〃
397	정태진	전남 나주군	〃	20		〃	양측전박부 찰과상	1	〃
398	배균석	광주시 화정동	〃	16		〃	전박부열상	1	〃
399	김영중	광주시 월산동	〃	30		〃	우측족관절부열상	1	〃
400	신민정	광주시 계림3동	여	24		〃	우측즉두부열상	1	〃
401	최정민	전남 나주군	〃	26		〃	우측견갑부타박상	1	〃
402	조등국	광주시 중흥동	남	21		〃	좌수장부찰과상	1	〃
403	최성만	광주시 문흥동	〃	28		〃	좌안면부 우수부 찰과상	1	〃
404	최기용	광주시 충장로	〃	34		5.21	좌안면부우대퇴부요추부타박상	1	〃
405	김진관	광주시 산수동	〃	22		5.22	두부흉측부열상	1	〃

순번	성 명	주 소	성별	연령	직업	부상 일시	상병명	치료 추정 기간	치 료 기관명
406	김호연	광주시 방림2동	〃	27			우대퇴부 찰과상타박	1	안정남외과
407	정의백	광주시 풍향동	〃	23				1	〃
408	김관두	미상	〃	40			우측견갑부관통창	1	〃
409	정일진	광주시 방림동	〃	18			〃	1	〃
410	홍금순	광주시 계림동	여	22			전두부열창 및 타박상	11	〃
411	김재성	광주시 광천동	남	46			안면부찰과상 타박상	1	〃
412	강도원	고흥군 동강면	〃	47			후경부관통창	12	〃
413	임태형	광주동신중3년	〃	16			우측관절인대좌열상 우족관절부열창	1	〃
414	이영욱	광주시 양2동	〃	29			전두부열창 안면부타박상	2	〃
415	김진우	장흥군 장평면	〃	26			우두부열창 및 타박상	1	〃
416	장철용	광주시 월산동	〃	26			후두부열창 및 타박상	1	〃
417	정세국	고창군 무정면	〃	23			〃	1	〃
418	심재웅	광주시 풍향동	〃	25			좌슬관절부타박상 우술관절부염좌	13	〃
419	윤정남	강진군 평동면	〃	31			안면부타박상 후두부열창	3	〃
420	조성약	광주시 대인동	〃	27			좌측안검 및 결막열창	8	〃
421	김기호	광주시 농성동	〃	18			좌측안면부열창	6	〃
422	박해일	광주시 지원동	〃	21			후두부열상 및 치아파열	2	김승완외과
423	김홍기	광주시 풍향동	〃	62			두개골골절	1	〃
424	김상섭	광주시 소태동	〃	56		5.20	우득절골과제5수지중수골골절	35	〃
425	전철종	광주시 서석2동	〃	25		〃	전신타박상	17	〃
426	양판철	광주시 광천동	〃	46		5.22	우측골골절 상하지타박상	40	〃

순번	성 명	주 소	성별	연령	직업	부상 일시	상병명	치료 추정 기간	치 료 기관명
427	윤성호	광주시 충장로	〃			5.21	표제손상	2	광주기독
428	최홍문	경남 청운군	〃	24		〃	열 상	2	성심병원
429	강원희	광주시계림동	〃	24		〃	타박상	1	〃
430	김문수	광주시 효덕동	〃	11		5.24	관통총상(배부)	9	〃
431	박세광	광주시 월산1동	〃	12		5.21	두부타박상	12	〃
432	박원중	광주시 농성동	〃	31		〃	좌하퇴부관통총상	15	〃
433	김원희	광주시 양림동	〃	26		〃	우상박부열상	12	〃
434	조동진	광주시 도환동	〃	23		〃	우하지관통총상	12	〃
435	백종수	광주시 동운동	〃	19		〃	좌견갑부관통총상	12	〃
436	이상덕	광주시 양2동	〃	23		5.24	우대퇴부열상	9	〃
437	명오천	광주시 누문동	〃	21		5.21	우안검부타박상	12	〃
438	문화주	화순군 도곡면	〃	30		〃	우두피열상	12	〃
439	박균보	광주시 월산4동	〃	31		〃	흉부타박상	7	〃
440	이상현	광주시 북동	〃	21		5.19	안면부열상	1	〃
441	박희민	광주시 월산3동	〃	23		〃	우상박부자상	1	〃
442	유 정	광주시 양3동	〃	16		〃	고관낭열상	1	〃
443	이창근	나주 남평면	〃	33		〃	두피열상	2	〃
444	김 렬	광주시 서동	〃	45		〃	흉부타박상	1	〃
445	백 금	광산구 송정리	〃	21		5.18	좌상박부열상	1	〃
446	허정운	광주시 월산동	〃	44		5.21		15	〃
447	이복실	광주시 화정동	〃	31		〃	전두부타박상	12	〃
448	윤용관	광주시 백운동	〃	53		〃	전두피손상	13	〃
449	양일권	광주시 방림2동	〃			5.21	대퇴골총상	1	조대병원
450	양치홍	영암군 서호면	〃	25		5.22		1	김정형외과
451	심우진	전남고	〃	18			흉부총상	1	김승완외과
452	양일권	광주시 방림2동	〃	19		5.21	우측하퇴부총상	2	〃

종합병원 및 개인
병·의원 자료

1. 전남대학교병원

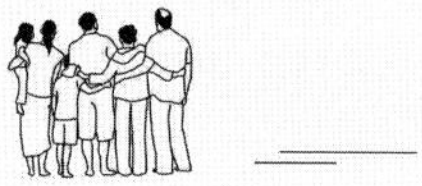

- 당시 전대병원 진료의사들의 기억으로는 300여명의 환자를 진료했다고 하며,
- 광주시청의 소위 '858명부'에도 전대병원 진료 부상자의 수가 241명(입원 97, 외래 144) 등록되어 있으나,
- 현재 남아있는 진료기록부는 185부이다.

— 편집자 주 —

■ 부상경위 진술 발췌

(진료기록부의 부상 경위 진술 중 몇몇을 발췌했다. 내용 가운데 '기동경찰', '상무대군인' 따위 특정 부대의 명칭은, 부상자들이 경황없는 가운데 지칭한 내용이기 때문에, 실제로는 다른 부대일 수도 있다 – 편집자주)

6. 강형규(남, 21세) : 5월 18일 오후 4시, 이십분 전에 제과점에 앉아 있는데 갑자기 기동경찰이 들어와 구타함.

20. 김삼중(남, 26세) : 5월 23일 오후 2시, 지원동 근처에서 사격을 받음.

29. 김영봉(남, 19세) : 5월 21일 낮, 아파트 옥상으로 피신 중 고압전선(3,300V)에 감전됨.

30. 김영찬(남, 19세) : 5월 19일 오후 5시, 계림파출소 앞에서 총상을 입음.

34. 김용환(남, 17세) : 5월 21일 새벽 1시경, 신역 앞에서 군인의 몽둥이 맞고 상기 두개골 골절 발생

36. 김장석(남, 36세) : 무안에서 노동일하러 광주에 와서 거닐다가 상무대 군인들에 잡혀갔음. 무수히 구타 당하고 이번에 석방시 풀려나와 입원함.

40. 김정자(여, 37세) : 5월 22일, 최류탄이 눈 앞에서 터짐.

46. 김찬오(남, 27세) : 도청 앞에서 차를 타고 가다가 사격을 받음.

74. 박원주(남, 18세) : 5월 23일 새벽 0시 10분, 학동 근방에서 차를 타고 가다가 사격을 받음.

76. 박정욱(남, 49세) : 5월 23일 오후 7시, 도청 앞에서 사람들에게 밟힘

79. 박찬욱(남, 26세) : 5월 21일 낮 금남로를 거닐다가 계엄군의 난사에 의해 양 하지에 총상을 받음. 7월 9일 왼쪽 무릎 아래 절단 수술을 받음.

86. 서병주(남, 28세) : 5월 22일 오후 6시, 화정동에서 군인과 교전 중 하지에 총상.

90. 손치근(남, 27세) : 5월 18일 새벽 0시 20분, 저녁에 짜장면을 먹고 도서관에서 잠을 자는데 갑자기 공수부대들이 들이닥쳐 두들겨 패서 복통 및 구토 발생

104. 위성완(남, 16세) : 5월 29일 집 앞에서 총탄가지고 놀다 폭발해서 파편이 안구 및 전신에 박힘. 6월 2일 구토 경련을 동반한 파상풍 증세 발병.

110. 윤나용(남, 32세, 경찰) : 5월 20일 밤 10시, 데모 진압하다 버스 앞 밤바가 허리를 치고 지나면서 다리가 바퀴에 들어감.

115. 이금석(남, 12세) : 5월 21일 군인한테 맞음. 대퇴 골절.

125. 이연수(남, 37세) : 5얼 18일 오후 4시, 데모대와 기동경찰을 피해 달아나다 광남교 다리 밑으로 떨어짐.

128. 이요일(남, 32세) : 5월 21일 오전 10시경 공수부대에 붙잡혀 조대 실내체육관에서 무수히 구타당함

135. 이 현(여, 22세) : 5월 19일 오후 4시, 군인의 몽둥이에 의해 왼쪽 눈위가 찢어짐.

162. 최경복(남, 23세) : 어제 저녁(5월 22일) 옥천사에 끌려가 군인들에게 뭇매를 맞고 머리가 찢어짐

170. 최성호(남, 24세) : 5월 23일 0시, 산을 내려오다 누군가의 총질에 의해 맞음

■ 진료기록부 요약표 항목해설

(전남대학병원 진료기록부 요약표는 다음과 같은 원칙에 따라 정리하였다)

1. 인적사항 및 나이

- 부정확한 진술 혹은 불확실한 진료기록부 내용 때문에 잘못 기록된 인적사항이 있을 수 있다.

2. 상병명 및 부상부위

- 상병명이 여러 개인 경우, 혹은 부상부위가 다발성인 경우 대표적인 것만 수록했다.

3. 부상원인

- 'Blunt Trauma' 중, 다른 사람으로부터 '구타당했다'고 명백히 진술된 것만 '구타'로 기록했고, 맞았는지 부딪혔는지 불분명한 경우는 '외상'으로 처리했다.
- 교통사고는 차에서 떨어진 경우, 차에 치인 경우, 차기리 부딪혀 발생한 부상 모두를 포함한다.
- 진료기록부상의 정황으로 보아 그 부상원인이 짐작되더라도, 챠트에 기록되지 않았으면 부상원인을 공백으로 처리했다.

4. 부상일자

- 사망 혹은 혼수 환자의 경우, 본인이 진술하지 못했더라도 정황이 일치하면 병원 초진 날짜를 부상일자로 기록했다. 그러나 애매한 경우에는 공백 처리했다.

5. 치료기간

- 퇴원했다가 재입원한 경우, 다른 병원에서 이송된 혹은 이송한 경우, 당일 응급실에서 사라졌다 나중에 외래에 나타난 경우 따위 복잡한 경과를 취한 환자들이 많아 기록에 일관된 원칙을 정하지 못했다.
- 따라서 치료기간의 항목값은 상병명 및 입원 유무를 참조하여, 중·경상을 구분하는 자료로만 사용하였다.

6. 부상장소, 수술명, 특기사항, 후유증

- 부상장소나 특기사항은 진료기록부의 요약 기록 중 눈에 띄는 경우만 적었다.
- 수술명 및 후유증은 몇몇 경우만 기록했는데, 기록 선택에 어떤 원칙은 없었다.
- '사망(❖)'은 '내원시 사망' 및 '입원 후 치료중 사망'을 모두 적었다.

7. 비고(데이타베이스 분석을 위한 항목)

- '★'은 부상원인이 '구타'인 경우 중 원인제공자가 '군인, 계엄군 혹은 공수부대'라고 명시된 경우를 표시했다.
- '2:10p'는 총상 환자들 중 챠트에 명시된 경우, 그 부상 시각을 적은 것이다. '오후 2시 10분'의 뜻이다.

■ 전남대학교 병원 진료기록부 요약표

순번	이름	성별	나이	주소	상 병 명	부상 부위	부상 원인	부상 일자	치료 기간	입원 유무	☞부상장소 ▲수술명 ♧특기사항 ◈후유증	비고
1	강공수	남	24	나주	둔부 관통상	둔부	총상	5.23	5.23~ 5.26	응급실		12:30p
2	강길조	〃	38	광주	다발성 늑골 골절 척골 골절	흉부 좌 상지	구타	5.20	6.10	외래		★
3	강석봉	〃	25	〃	좌측 족골 개방골절	좌 하지	총상	5.27	5.27~ 10.30	입원		—
4	강성원	〃	18	〃	급성 경막외 혈종 두개골 골절 좌 완관절 탈골	두경부 좌 상지			5.22~ 7.31	입원	▲개두술, 기도개술 ♧기독병원에서 이송됨	
5	강영훈	〃	19	〃	내원시 사망		감전	5.25		응급실	❖사망	
6	강형규	〃	21	〃	하악부 열상 좌측 완관절 염좌	안면 좌 상지	구타	5.18	5.18	〃	☞오산 제과점	★
7	강희원	〃	17	〃	·			5.20		〃		
8	고광문	〃	28	〃	두피열상 뇌진탕	두부	교통 사고	5.21	5.21	〃	☞신역 ◈정신과적 문제	
9	고재용	〃	18	영암	좌측 족부 총상 좌측 경골부 총상	좌 하지	총상	5.25		〃		10:55p
10	구창열	〃	43	광주	다발성 두피 열상	두부	구타	5.20	5.22~ 5.29	입원		
11	김강식	〃	33	〃	다발성 안면 열상 뇌진탕	안면	구타	5.21	5.21~ 6.11	입원	☞도청	
12	김광석	〃	26	〃	흉부 관통상	흉부	총상	5.21	5.21	응급실	❖사망	2:10p
13	김광호	〃	21	화순	소장, 직장, 방광 천공	복부	〃	5.21	5.21~ 8.4	입원	▲소장, 방광, 직장 봉합술	4:45p
14	김내향	여	59	진도	혈흉 척수 손상우측	우 흉부 척추	〃	5.22	80.5.23~ 81.4.11	입원	▲개흉술	—
15	김달진	남	32	광산	대퇴골 골절	우 하지	〃	5.21	7.16~ 11.3	입원		—

순번	이름	성별	나이	주소	상 병 명	부상 부위	부상 원인	부상 일자	치료 기간	입원 유무	☞부상장소 ▲수술명 ♧특기사항 ◈후유증	비고
16	김동구	〃	20	강진	두피 열상	두부	구타	5.19	5.19	응급실	☞공용터미널	★
17	김득후	〃	24	광주	좌측 하지 관통상	좌 하지	총상	5.22	5.22~ 7.1	입원	▲봉합술	10:50a
18	김병열	〃	18	군산	상안검 열상	우 상안	외상	5.21		응급실	☞학동	
19	김복진	〃	25	광주	직장 파열	하복부	총상	5.21	5.21~ 8.14	입원	▲결장조루술	1:40p
20	김삼중	〃	26	광주	복강내 출혈	복부	〃	5.23	5.23~ 6.30	〃	▲개봉술 ☞지원동	2:00p
21	김상곤	〃	58	함평	안면부 열상	이마	외상	5.18	5.18~ 5.19	응급실		
22	김상구	〃	23	나주	내원시 사망		총상	5.21		〃	❖사망	2:10p
23	김상진	〃	7	광주	대퇴골 골절 슬관절 열상	양 하지	교통 사고	5.21		〃		
24	김상태	〃	17	곡성	뇌 좌상	두부	구타	5.18	5.26~ 6.4	입원	◈정신과적 문제	★
25	김승수	〃	36	광주	액와 신경총 손상	상지	총상		6.3~ 8.15	〃	♧기독병원 에서 이송됨	
26	김억숙	〃	6	무안	하악골 골절 R/O 비장파열	턱, 복부	구타	5.19		응급실		★
27	김연성	〃	26	화순	좌측척골 골절	좌 상지	〃	5.19		〃		★
28	김영남	〃	24	광주	양측 견갑부 통증 경부 통증	전신	〃			외래		
29	김영봉	〃	19	〃	양측 수족부 화상	양측 수부 양측 족부	감전	2.21	5.23~ 6.20	입원	♧피신 중 아파트 옥상 고압 전선에 감전	
30	김영찬	〃	19	〃	우측 하복부 관통상 직장 회장 파열	하복부 수부	총상	519	5.19~ 12.23	〃	☞계림 파출소 앞 ▲결장조루술	4:55p
31	김요한	〃	22	광산	척수 손상	척추	〃	5.21	80.5.23 ~81.3.26	〃		6:00p

순번	이름	성별	나이	주소	상 병 명	부상 부위	부상 원인	부상 일자	치료 기간	입원 유무	☞부상장소 ▲수술명 ♧특기사항 ◈후유증	비고
32	김용섭	〃	17	광주	좌측 전경부 관통상	좌 경부	〃	〃	5.21	응급실		1:20a
33	김용재	〃	15	〃	요골 탈골	좌 상지	낙상	〃	5.23	〃		
34	김용환	〃	17	〃	뇌 좌상 만성 경막외 혈종 두개골, 우경골 골절	두정부 우 하지	구타	〃	5.21~ 8.2	입원	☞신역 앞 ▲개두술	★
35	김우수	〃	28	〃	전신 좌상	전신	〃	5.19	5.19	응급실		★
36	김장석	〃	36	무안	다발성 좌상	〃	〃		6.5~ 6.21	입원	♧상무대에 연행되어 구타당함	
37	김재수	〃	26	담양	복부 관통상 간, 우측 신장 파열	복부	총상	5.21	5.21~ 5.22	〃	❖사망	12:30p
38	김정기	〃	29	광주	두부열상 뇌좌상	두부		5.20	5.20	응급실		
39	김정수	〃	22	〃	두피열상	두부	총상	5.23	5.23	〃		8:15p
40	김정자	여	37	〃	화학적 결막염	양안	최류탄	5.22	5.30	외래		
41	김종수	남	42	〃	우측 완관절 염좌 뇌좌상	두부 우 상지	구탄	5.24		응급실	☞교도소 옆	★
42	김종열	〃	57	화순	양측 볼 총상 좌측 하악골 골절	안면 두부	총상	2.21	5.21~ 6.23	입원		8:00p
43	김종준	〃	14	광주	수관절 개방골절 건신경 손상	상지	교통 사고	5.21	5.22~ 11.17	〃		
44	김종학	〃	22	〃				5.21		응급실	♧귀가	
45	김종화	〃	27	〃	좌측 배부 찰과상	옆구리	교통 사고	5.22	5.22	〃	☞한일은행	
46	김찬오	〃	27	〃	대퇴신경 손상	좌하지	총상		6.5~ 6.15	입원		
47	김창선	〃	18	〃	좌 안구 파열	좌안	폭약 폭발	5.23	5.23~ 7.29	〃	▲수정체 흡입술 ☞유동 성일 교회 앞	

순번	이름	성별	나이	주소	상 병 명	부상 부위	부상 원인	부상 일자	치료 기간	입원 유무	☞부상장소 ▲수술명 ♧특기사항 ◈후유증	비고
48	김창진	〃	23	서울	우측 완관절 관통상	우 상지	총상	5.22	6.6	응급실	♧개인병원에서 이송됨	—
49	김춘아	여	43	진도	두개골 함몰 골절 경막 외 출혈	후두부	〃	5.23	5.23~6.25	입원	▲개두술	—
50	김태민	남	41	함평	두피열상 뇌 좌상 우측 하지근 좌상	두부 우 하지	구타 혹은 교통 사고	5.21	5.21~6.3	〃	▲봉합	
51	김태현	〃	21	〃	안면 총상	안면	총상	5.22	5.22~6.10	〃	▲총탄 제거, 봉합	—
52	김태호	〃	19	화순	급성 경막 외 혈종	두부	구타	5.20	5.21~7.30	〃	▲기도 절개술, 개두술 ☞공용터미널	★
53	김형빈	〃	25	광주	요부 통증	허리	〃	5.29		응급실	❖사망	★
54	김호중	〃	26		내원시 사망	좌 흉부	총상	5.22		〃		7:10a
55	김후식	〃	40	광주	요골측골 신경 손상	좌 상지	〃	5.21	6.13~8.14	입원		—
56	나승정	〃	25	장성	두피 열상 뇌 좌상	두부		5.21		응급실		
57	나홍수	〃	33	광주	내원시 사망	흉부	총상	〃		〃	❖사망	5:15p
58	남성례	〃	36	〃	두부열상	두부	구타	5.20	5.21	〃	☞노동청 앞	★
59	남효광	〃	19	고흥	비골 골절	안면	외상	5.19	5.19~5.26	입원		
60	노문철	〃	20	담양	두피 열상	두부	구타	5.18	5.18	응급실	☞광남로	★
61	노홍식	〃	21	광주	뇌 좌상 경막하 출혈	〃	〃	〃	5.18~6.14	입원		★
62	모남선	〃	19	함평	급성경막외 혈종 좌측견갑골 골절	〃	낙상	5.21	5.21~8.1	〃	▲개두술	
63	문연주	〃	23	광주	좌측 흉부 관통상 좌측 혈기흉	좌 흉부	총상	〃	5.21~6.23	〃	▲개흉술	—

순번	이름	성별	나이	주소	상 병 명	부상 부위	부상 원인	부상 일자	치료 기간	입원 유무	☞부상장소 ▲수술명 ♧특기사항 ◈후유증	비고
64	민청진	〃	20	〃	급성 경막외 혈종 두개골 함몰골절	두부	〃	5.22	5.22~ 5.25	〃	❖사망	—
65	박귀주	〃	48	화순	뇌조상 좌측 경골 골절	두부 좌 하지	교통 사고	5.29	5.29~ 6.6	〃	❖사망	
66	박남규	〃	24	광주	안면 열상 비골골절	두부〃	구타	5.19	5.19	응급실	☞도청 앞	★
67	박명환	〃	20	〃	요골골절 요골신경마비	우 상지	총상	5.21	81.1.27 ~81.3.30	외래		—
68	박성철	〃	13	〃	복부관통상	복부	〃	〃	5.21	응급실	♧기독병원으로 이송	4:00p
69	박상채	〃	19	순창	우측 인대 파열	우 상지		5.23	5.23~ 6.12	입원		
70	박성룡	〃	27	광주	복부관통상 우측치골 복합골절	하복부	총상	5.21	5.21~ 9.5	〃	▲개복술, 골파편 제거	2:05p
71	박옥재	〃	41	〃	완골 골절	좌 상지	구타	5.20	5.12~ 6.15	입원		
72	박용기	〃	26	〃	두부 찰과상	두부	교통 사고	5.22	5.22	응급실	☞산창	
73	박운규	〃	21	〃	뇌신경 마비	〃	〃	5.21	5.24	입원	☞남평	
74	박원주	〃	18	광산	두피찰과상	두부	총상	5.2	5.22~ 5.23	응급실	☞학동	12:55p
75	박유일	〃	27	광주	우측상지 열상	우 상지	불명	5.23	5.23	〃		
76	박정욱	〃	49	광산	요부통증	요부	밟힘	〃	〃	〃	☞도청 앞	
77	박종기	〃	16	광주	복부관통상	우 복부	총상	〃	〃	입원		—
78	박제문	〃	22		좌측대퇴골 골절	좌 하지		5.21		응급실		
79	박찬욱	〃	26	영암	좌측 대퇴 동맥 파열 좌측대퇴 골절	좌 하지	총상	〃	80.5.21 ~81.2.21	입원	◈하지 절단 ☞금남로	1:00p
80	박철언	〃	25	광주	두피 열상 뇌 좌상	두부	구타	5.24	5.24	응급실	☞동명동	
81	박현주	여	26		전신 쇠약			5.22		〃		

순번	이름	성별	나이	주소	상 병 명	부상 부위	부상 원인	부상 일자	치료 기간	입원 유무	☞부상장소 ▲수술명 ♧특기사항 ◈후유증	비고
82	박현준	남	26	광주	전신타박상	안면,배부 좌 수부	구타	5.21	5.21	〃		★
83	변동섭	〃	41	〃	하악골절 두피 열상	두부	〃	〃	5.21~ 5.24	입원	▲봉합	
84	변학연	〃	19	〃	요골, 척골 골절 주관절 탈구	좌 상지	총상	〃	5.22~ 10.31	〃		4:04p
85	배균석	〃	15	〃	전신찰과상	양 수부 우 상지	교통 사고	5.22	5.22~ 5.23	〃	☞유동	
86	서병주	〃	28	영광	우측하지 관통상	우 하지	총상	〃	5.23	응급실	☞화정동	6:00p
87	서입석	〃	27	광주	전신 찰과상	우 수부 좌 요부	교통 사고	〃	5.22	응급실	☞한일은행	
88	서형석	〃	21	〃	뇌진탕 두피 열상	두부	구타	5.21	5.21~ 5.22	입원		★
89	성낙현	〃	35	〃	두피 열상	〃	〃	5.19	5.19~ 5.21	응급실	☞도청 앞	★
90	손치근	〃	27	광산	복부 좌상	복부	〃	5.18	5.18	〃	☞전대 도서관	
91	송승권	〃	17	광주				5.23		〃	♧전신에 흙 묻어 있음	
92	송승석	〃	24	고흥	좌측 대퇴부 총상	좌 하지	총상	5.21	5.21~ 6.9	입원		8:00p
93	송현수	〃	21	담양	좌측 전완 열상	좌 상지	〃	5.22	5.22	응급실		2:55p
94	신명식	〃	30	광주	우측 혈기흉	우 흉부	총상	5.21	5.21~ 6.13	입원	▲흉관수술	2:25p
95	신병권	〃	17	〃	전두피 열상	두부	교통 사고	5.22		응급실		
96	신행균	〃	43	〃	우측 혈기흉 두피 열상	우 흉부 두부			5.28~ 6.19	입원		
97	안국순	〃	37	〃	기저부 골절 뇌 좌상 경막내 혈종	두부	구타	5.21	5.23~ 6.25	〃		★
98	안병섭	〃	23	〃	내원시 사망	좌 하지	총상	5.23		응급실	❖사망	8:00a

순번	이름	성별	나이	주소	상 병 명	부상 부위	부상 원인	부상 일자	치료 기간	입원 유무	☞부상장소 ▲수술명 ♧특기사항 ◈후유증	비고
99	양치홍	〃	25	〃	워측 상완골 개방골절	우 상지	〃	5.22	5.22~ 9.11	입원		11:00a
100	오동수	〃	50	〃	좌특 대퇴 열상	좌 하지	〃	5.23	5.23	응급실	☞소태동	4:20p
101	오세봉	〃	20	〃	좌측 흉부 총상	좌 흉부	〃	521	5.27~ 7.2	입원	▲개흉술	—
102	오양근	〃	19	〃	위 천공	상복부	〃	5.23	5.23~ 6.9	〃	☞지원동	6:00p
103	오해준	〃	26	함평	좌측 경골 타박상	좌 하지	교통 사고	5.20		응급실	☞노동청	
104	위성완	〃	16	광주	좌안 파편상 파상풍	좌안	안전 사고	5.29	6.2~ 6.11	입원	♧총탄 폭발	
105	유동기	〃	27	〃	전두부 열상	두부	교통 사고	5.22	5.22	응급실		
106	유복남	〃	51	〃	우측 혈흉 간 파열	우 흉부	총상	5.27	5.27~ 7.8	입원	▲흉관삽입	—
107	유영신	〃	15	〃	우측 슬관절 총상	우 하지	〃	5.21	5.29~ 6.23	〃		—
108	유진관	〃	21	〃	두경부 관통상	두부	〃	5.22	5.22~ 5.23	응급실	❖사망 ☞공용터미널	10:00p
109	유춘학	〃	16		우 늑골, 견갑골 골절 우측 혈기흉	흉부	〃	5.23	5.23~ 7.8	입원		—
110	윤나용	〃	32	함평	요추 염좌	요부 하지	교통 사고	5.20		응급실	☞노동청 앞	
111	윤석준	〃	16	광주	양측 둔부 총상	둔부	총상	5.21	5.21~ 6.8	입원		
112	윤성조	〃	28	〃	급성 경막하 혈종 뇌 좌상 두개골 함입 골절	두부	총상	5.22	5.22~ 5.27	입원	❖사망 ▲개두술	5:00a
113	윤정귀	〃	17	〃	비장 파열 좌측 흉부 관통상	좌 흉부	〃	〃	5.22~ 6.3	〃	비장절제	7:00p
114	윤행근	〃	23	〃	복부 총상	복부	〃	5.21	5.21	응급실	❖사망	3:30p

순번	이름	성별	나이	주소	상 병 명	부상 부위	부상 원인	부상 일자	치료 기간	입원 유무	☞부상장소 ▲수술명 ♧특기사항 ◈후유증	비고
115	이금석	〃	12	〃	좌측 상완골 골절	좌 상지	구타	〃	〃	〃		★
116	이기운	〃	23	나주	전신 찰과상	안면 좌 상지	교통 사고	〃	〃	〃		
117	이기홍	〃	27	광주	상안검 열상	안면		5.22	〃	〃		
118	이내성	〃	51	〃	우측 경골 개방골절	우 하지	구타	5.20	5.20~ 8.11	입원		★
119	이동근	〃	31	〃	회장 직장 방광 파열	하복부	총상	5.21	5.22~ 7.8	〃	☞가톨릭센터	1:00p
120	이동진	〃	23	광산	우측 슬관절 총상	우 하지	〃	5.23	5.23~ 7.11	〃		—
121	이문수	〃	28	광주	좌측 상지 골절 뇌진탕	좌 상지 두부	구타	5.18	7.8	외래		★
122	이성수	〃	37		기저부 두개골절 뇌진탕	두부		5.21		응급실		
123	이순진	〃	20		두부 관통상	〃	총상	〃	5.21~ 5.22	〃	❖사망	1:00p
124	이순진	〃	20	광주	횡행결장 파열	복부	〃	〃	5.21~ 6.9	입원		1:45p
125	이연수	〃	37	〃	우측 완관절 염좌 좌측 슬관절 염좌	우 상지 좌 하지	낙상	5.18	5.18	응급실		
126	이연진	여	23	〃	방광 파열	우 하복부	총상	5.23	5.23~ 7.2	입원		3:40p
127	이영구	남	51	광산	우측 혈기흉 두피 열상	우 흉부	구타	5.26	5.26~ 6.18	〃	▲흉관삽입	★
128	이용일	〃	32	광주	다발성 찰과상	두부, 양하지	〃	5.21	5.22~ 5.23	응급실	☞조선대 실내 체육관	★
129	이은형	〃	43	〃	우측 경골 골절	우 하지	낙상	5.22	5.28~ 9.25	입원	☞전신 전화국	
130	이정해	〃	23	곡성	안구 좌상 전신 좌상	안구	구타	5.19	5.19~ 6.23	입원	☞양동다리	★
131	이재인	〃	23		두피 열상	두부	〃	5.18	5.27	응급실	☞공용 터미널 앞 당구장	★

순번	이름	성별	나이	주소	상 병 명	부상 부위	부상 원인	부상 일자	치료 기간	입원 유무	☞부상장소 ▲수술명 ♧특기사항 ◈후유증	비고
132	이지현	〃	30	화순	좌측 안구 파열	좌안		5.21	5.21~ 7.26	입원	▲안구제거	
133	이청규	〃	22	광주	주피 열상 뇌진탕	두부	구타	5.18	5.18	응급실		★
134	이춘기	〃	28	〃	우측 혈흉	우 흉부	총상	5.23	5.23~ 7.3	입원		—
135	이 현	〃	22	〃	좌측 상안검 열상	좌안	구타	5.19	5.19	응급실		★
136	이현조	〃	21		견갑부 골절 고관절 탈구 무명골 골절	전신	〃	5.18		입원	☞광주다방	★
137	임경래	〃	22	나주	우측 척골 골절	우 상지		5.21	5.21	응급실		
138	임수촌	〃	39	광주	기저부 두개 골절 뇌 좌상 두 개부 혈종	두부		〃	5.21~ 5.22	〃	❖사망	
139	임정하	〃	35	〃	급성 경막하 혈종 급성 경막외 혈종 두개골 골절	〃	구타	5.19	5.19~ 8.25	입원	☞가톨릭 센터 화원 ▲개두술, 기관절개술	★
140	임채명	〃	9	〃	우측 완관절 개방골절	우 상지	총상	5.21	5.21~ 9.15	〃		—
141	장영섭	〃	40	〃	우측 옆구리 총상	옆구리	〃	5.21	5.21~ 6.7	〃		3:40p
142	전정일	〃	40	〃	소장 천공 및 복막염 좌골 신경통	복부	〃	5.24	5.24~ 10.8	〃	▲소장절제 및 문합술	—
143	전종석	〃	16	〃	좌우 십자 인대 파열	좌 하지	낙상	5.22	5.22~ 7.256	〃		
144	정경상	〃	21	〃	뇌좌상 안면, 두피 열상	두부	구타	5.21	5.21~ 7.12	〃		★
145	정규용	〃	10		좌측 안구 좌상	좌안	외상	〃	5.21	응급실		
146	정민국	〃	23		내원시 사망	우측배부	총상	〃		〃	❖사망	8:00p
147	정백중	〃	39	광주	뇌 조상 두피 열상 두개골 골절	두부	교통 사고	5.21	5.21~ 7.23	입원		

순번	이름	성별	나이	주소	상 병 명	부상 부위	부상 원인	부상 일자	치료 기간	입원 유무	☞부상장소 ▲수술명 ♧특기사항 ◈후유증	비고
148	정병연	〃	24	〃	다발성 열상	〃	구타	5.20	5.22~ 6.25	〃	◈히스테리 신경증	
149	정순석	〃	46	〃	좌측 대퇴 관통상	좌 하지	총상	5.21	5.21~ 6.16	〃		6:00p
150	장철순	〃	84	〃	두피 찰과상	두부	교통 사고	5.24	5.24	응급실		
151	정한길	〃	38	〃	간, 췌장 파열 위 천공	상복부	총상	5.21	5.21~ 5.23	입원	❖사망	2:30p
152	정향규	〃	33	함평	오심, 현기증 하지 무력감		중독 (?)	5.25	5.25	응급실	♧도청상황실 에서 독침 맞은 사람을 빨았다고 함	
153	정현택	〃	25	광주	좌측 폐 손상 위 손상 횡경막 파열	흉부 복부	총상	5.21		입원		0:10a
154	조경숙	여	20	〃	두피 열상	두부	구타	5.19	5.19	응급실		★
155	조기백	남	17	〃	대장 파열 및 복막염 간 손상 두부 파편상	상복부 두부	총상	5.23	5.23~ 6.9	입원	▲대장 봉합술	0:10a
156	조미은	여	4	〃	상완골 골절 요골 탈구 요척골 관절 탈구	우 상지	군중에 밀려서	5.22	5.22~ 5.23	응급실		
157	조상옥	남	17	〃	좌 전상장골 돌기 총상	좌 하지	총상	5.23	5.23	〃		3:50p
158	조재필	〃	28	〃	두피 열상	두부	구타	5.19	5.19~ 5.20	〃	☞무등고시 학원	★
159	조춘복	〃	19	〃	우측 흉부 관통상	우 흉부	총상	5.21	5.21~ 6.19	입원	◈상처 감염	
160	진정택	〃	27	〃	내원시 사망	좌 흉부	〃	〃		응급실	❖사망 ☞도청	1:20p
161	채영옥	〃	23	목포	우측경골골절 및 감염	우 하지	교통 사고	5.22	6.3~ 10.6	입원		
162	최경복	〃	23	광주	다발성 두피 찰과상	두부	구타	〃	5.23	응급실	☞옥천사	★
163	최덕춘	여	52	〃	내원시 사망	전신	자상(?)	5.26		응급실	❖사망	

순번	이름	성별	나이	주소	상 병 명	부상 부위	부상 원인	부상 일자	치료 기간	입원 유무	☞부상장소 ▲수술명 ♧특기사항 ◈후유증	비고
164	최덕춘의 처	여	36	〃	내원시 사망	두부		〃		〃	❖사망 ♧두부함몰 골절	
165	최미자	남	19	〃	배부자상 우측 기흉	배부	자상	5.20	5.20 ~6.17	입원		
166	최병호	〃	31	〃	우측하지 관통상	우 하지	총상	5.23	5.23	응급실		6:15a
167	최봉남	〃	24	〃	요골 골절	상지		5.21		〃		
168	최붕주	〃	21	〃	우측 상안검 열상	안면	교통 사고	5.22	5.22	〃		
169	최성호	〃	20	〃	우측 옆구리 열상 우측 상하지 열상	전신	총상		5.29~ 6.11	입원		
170	최성호	〃	24	〃	우측하지 관통상	우 하지	〃	5.23	5.23	응급실		0:10a
171	최승호	〃	26	〃	좌측 기저부 두개골절 뇌 좌상	두부	구타	5.19	5.19~ 6.18	입원		★
172	최승희	〃	21	목포	간 파열 우측 혈흉	복부 흉부	총상	5.21	5.21~ 5.22	입원	❖사망	1:15p
173	최영진	〃	19	광주	좌측전박 동통성 부종	좌 상지		〃	5.21	응급실		
174	최영철	〃	20	〃	우측 늑골 골절	배부	총상	〃	5.21~ 6.23	입원		1:00a
175	최은총	〃	23	〃	좌측 요골 척골 골절 회장 파열	좌 상지	총상	〃	80.10.22 ~81.1.5	〃		—
176	최 현	〃	7	〃	내원시 사망	두부 하지	총상 자상	5.26		응급실	❖사망 ☞집에서 ♧하지에 자상	
177	하영우	〃	22	나주	우측 상완골 골절	우 상지	총상	5.21	5.22~ 7.5	입원	☞도청 앞	2:00p
178	황영주	〃	18	광주	좌측 혈기흉 좌측 흉부 관통상	좌 흉부	〃	5.23	5.27~ 6.19	〃	▲흉관 삽입	—

순번	이름	성별	나이	주소	상 병 명	부상 부위	부상 원인	부상 일자	치료 기간	입원 유무	☞부상장소 ▲수술명 ♧특기사항 ◈후유증	비고
179	한용덕	〃	30	〃	급성 경막하 혈종 뇌 좌상 두개골 골절	두부	구타	5.21	5.21~ 9.8	〃	❖사망 ▲개두술	★
180	황종오	〃	24	〃	우측 쇄골 골절	우 상지	구타	5.20	5.24	응급실		★
181	무명남	〃			내원시 사망		총상	5.21	5.21	응급실	❖사망	1:10a
182	〃	〃			〃		〃	〃	〃	〃	❖사망	1:20p
183	〃	〃			〃	두부	〃	〃	〃	〃	❖사망	2:00p
184	〃	〃			〃	〃	〃	〃	〃	〃	❖사망	3:00p
185	〃	〃			〃	〃	〃	〃	〃	〃	❖사망 ♧추정 15세	1:10p

2. 광주기독병원

- 사망 13명 포함, 총 143명의 입원환자를 진료하였다고 하나, 남아있는 진료기록부는 51부이다.
- 요약표의 편집원칙 및 항목 해설은 전대병원의 경우와 같다.

— 편집자 주 —

■ 광주기독병원 진료기록부 요약표

순번	이름	생년월일	주소	상 병 명	부상부위	부상원인	부상일자	치료기간	◈ 후유증 ▲ 수술명 ♧ 특기사항
1	강구영	620527	광주	좌측 족관절 외상성 관절염	좌 하지	총상	5.21		◈보행장애
2	강인곤	610508	남평	좌측 혈기흉	좌 흉부	외상	5.19	5.20~5.24	
3	강인성	620718	광주	회장 대장 천공 및 간 파열에 의한 혈복강 및 복막염	우 상복부	총상	5.21	5.21~6.17	
4	강현기	550705	수원	좌측 대퇴부 총상	좌 하지	〃	5.20	5.21~6.10	
5	국민호	550326	광주	위, 장, 천공, 비장파열 횡경막 천공 및 폐흉	복부	〃	5.21	5.21~11.27	
6	권영길	580719	〃	안면부 다발성 열상	안면	외상	5.22	5.22~5.29	
7	김만두		〃	흉부 관통상	흉부	총상	5.21	5.21~5.23	❖사망
8	김영길	550917		좌둔부 및 우체간 총상	둔부, 몸통	〃	5.22	5.22~5.25	
9	김영훈		광주	다발성 늑골 골절	흉부	교통사고	〃	5.22~5.28	

순번	이름	생년월일	주소	상 병 명	부상 부위	부상 원인	부상 일자	치료 기간	◈ 후유증 ▲ 수술명 ♧ 특기사항
10	김옥단	210202	고흥	복부 관통상	좌 복부	총상	5.21	5.21~6.9	
11	김정교		영광	두피열상	두부	외상	5.22	5.22	
12	김정수		광주	양측 대퇴부 관통상	양 하지	총상	〃	5.22~7.8	
13	김정완	490417	나주	우 배부 총상	우 배부	〃	〃	5.22~6.2	
14	김재봉	40세	광주	좌측 복부 관통상	좌 복부	〃	5.21	5.21~6.10	
15	김충식	511114	부산	좌측 혈기흉	좌 흉부	〃	5.24	5.24~6.3	
16	김행주	640412	광주	우측경골 비골 골절 좌측 제 1중수골 골절	우 하지 좌 상지	〃	5.21	5.22~6.20	
17	노득기	470225	광주	우측 복부 및 흉부 총상 우측 척골 골절 우측 정중신경 손상	우 흉부 우 복부 우 상지	총상	5.24	5.24~9.13	
18	노봉기		〃	맹장 관통상	우 하복부	〃	5.27	5.27~6.17	
19	나순돈		나주	좌측 상완부 총상	좌 상지	〃	5.20	5.20~5.23	
20	문병윤	571108	〃	소장 천공 좌장골 골절 및 골수염	복부 좌 하지	〃	5.21	5.21~9.22	◈요추부 운동장애
21	박사얼	680526	광주	복부 관통상 척추신경 손상	복부	〃	5.21	5.21~	◈하반신 부분 마비
22	박석현	430615	〃	좌 대퇴 골절	좌 하지	〃	5.21	5.21~11.27	◈좌 하지 단축
23	박순기	460925	〃	복부 관통상 혈복강	우 복부	〃	5.21	5.21~7.12	
24	박월규		곡성	치아 골절	안면	타박상	5.22	5.22	
25	박인천	620614	나주	맹장 파열 및 혈복강 다발성 족골 골절	우 하복부 좌 하지	총상	5.21	5.21~12.15	
26	심인식		광주	우측 경부 총상	우 견관절	〃	5.21	5.21~5.29	
27	오만호	630325	경기	우측 대장 파열 골반 뼈 분쇄골절	복부	〃	5.21	5.21~7.31	◈횡경막하 농양
28	오용태	550312	제주	좌측 대퇴부 총상 좌골신경 손상	좌 하지	〃	5.21	5.21~12.27	◈좌 하퇴 절단
29	오형수	620209		좌측 견관절 관통상	좌 상지	〃			
30	유영백	630618	광주	우측 중족골 개방성 골절	우 하지	〃	5.22	5.22~6.21	
31	유형근	621121	〃	척추 총상	척추	〃	5.21	5.21~12.6	◈하반신 마비
32	윤경철	550824	〃	좌측 슬관절 총상	좌 하지	〃	5.20	5.30~6.10	

순번	이름	생년월일	주소	상 병 명	부상 부위	부상 원인	부상 일자	치료 기간	◈ 후유증 ▲ 수술명 ♧ 특기사항
33	이광영	530804	〃	척추 손상, 혈복강	척추	〃	5.21	5.21~11.24	◈하반신 마비
34	이군순	580414	서울	우측 상완골 분쇄 골절 흉곽 내 이물	우상지 흉부	〃	5.21	5.21~6.21	
35	이순노	620214	곡성	우측 흉부 총상 우측 상완 총상	흉부, 우 상지	〃	5.22	5.22~6.9	
36	이세영	610627	광주	척추 손상	척추, 좌 복부	총상	5.21	5.21~11.20	◈좌 하지 마비
37	이태현	650721	함평	우측 상완부 총상	우 상지	〃	〃	5.21~5.22	
38	임승만	310124	나주	좌측 견관절 관통상 좌측 액와신경 손상	좌 상지	〃	〃	5.21~6.17	▲동맥결찰술 ▲근육봉합술
39	장봉성	611218							
40	장선호	571111	광주	혈흉	좌 흉부	총상	5.21	5.21~6.6	
41	장종필	620309	광주	형흉	좌 흉부	〃	〃	5.21~7.14	▲폐 부분 절제
42	정병식	601110	광주	좌측 서해부 총상	좌 하지	〃	5.22	5.22~5.23	
43	전성준	611122	광산	좌측 대퇴 골절	좌 하지	교통 사고	5.21		♧결핵 치료중
44	정재희	430810	광주	다발성 회장 천공 및 복막염	우 하복부	총상	5.21	5.21~6.9	◈우하지 신경증세
45	전형문	630829	장성	회장 천공 및 복강내출혈 좌측 뇨관 절단	복부	〃	〃	5.21~6.21	
46	최기영	600310	광주	간, 우측 신장, 대장 파열	우 상복부	〃	〃	5.21~6.21	
47	최동북	660421	〃	좌측 중족골 골절	좌 하지	〃	5.22	5.21~6.4	
48	최종일	610107	보성	우측 혈흉	우 흉부	〃	5.22	5.22~6.3	
49	한천석	621019	광주	우측 상완골 골절	우 상지	〃	5.21	5.22~6.9	
50	홍두표	671207	함평	비장, 좌측신장 파열, 혈복강	좌 복부	〃	〃	5.21~6.6	
51	황인식		광주	흉부 관통상 좌측 상완신경총 손상	흉부	〃	〃	5.21~6.9	◈좌상지 신경마비

3. 광주적십자병원

- 적십자병원은 도청과의 인접성 때문에 병원규모에 비해 가장 많은 250여명 이상의 입원환자를 진료하였다고 하나, 현재 진료기록부가 완전히 폐기된 상태이다.
- 다음 진료기록 요약표는 80년 5월 28일자 전라남도 공문(보건 130-1392)에 의거, 부상자실태조사표를 작성 보고했던 44명분의 자료를 찾아 정리한 것이다.
- 병원에서 보관중인 공문 중, 부상자가 전남합동수사단장에게 제출했던 각서 및 보호자 보증서는 원본을 전사(轉寫)하고, 합수단이 부상자에게 발급해 주었던 확인증은 내용만 전재(轉載)한다.

— 편집자 주 —

■ 전라남도 공문에 의거한 보고자료 중, 지체부자유 예상자 명단

김재홍	남	20	학생	A	좌하지 발목 절단, 우측골절
정하규	남	27	무	B	좌골신경마비, 좌대퇴부 파편창
윤민한	남	21	학생	B	좌골신경마비, 좌둔부 파편창
신영미	여	21	무	C	좌대퇴부 분쇄골절
윤점숙	여	25	주부	C	좌상부 분쇄골절
김무관	남	19	학생	C	좌대퇴부 골절

■ 확인증(전남합동수사단)

인적사항

주소 : 전남 광주시 서구 주월동 156번지 6통 3반

직업 : 학생(광주 춘태여자 상업고교 1년)

성명 : 홍금숙　　　1963. 4. 25 생

상기명은 1980.5.23. 11:00 경 폭도들이 탈취한 소형버스에 승차하여 화순으로 주행 도중 너것재('너릿재'의 오타로 보임 – 편집자주)에서 계엄군에게 총격을 받고 우수 부위에 파편상을 입은 자로 전남합동수사단에 연행되어 조사 중 화학학교 의무대에서 치료타가 동년 7.3 훈계방면된 자임을 확인함.

1980. 8. 14.

전남합동수사단

수사계장 박 봉 철

각 서 (본인)

본적 전남 함평군 손불면 학산리

주소 광주시 양1동 13통4반 319번지

직업 학생

성명 최 혁철 생년월일 1964년 2월 21일

상기 본인은

(1) 국내외 정세의 시대적 중요성을 망각하고 사회혼란을 조성하여 대다수 국민들로 부터 지탄의 대상이 된 과오를 반성하여 차후 여사한 사례를 재발치 않겠다.

(2) 조국의 미래를 걸머질 숭고한 소명을 자각하고 인내와 성실로 솔선수범하므로서 국가의 발전과 사회의 융성에 기여하겠다.

(3) 조사기간중 지득한 사항과 조사받은 사항은 외부에 일체 누설치 않겠다.

이상 사항에 위배시 법에 의기 엄중 처벌받겠음을 서약합니다.

1980. 7. 1.

각서인 최 혁철

전남 합동수사단장 귀하

보 증 서 (보호자)

본 적 전남 함평군 손불면 [illegible]리

주 소 광주시 양림동 13통 4반 314번지

직 업 학생

성 명 최 현철 생년월일 1964년 2월 21일

상기인의 범법행위에 대해 자신의 과오를 깊이 반성하여 차후 여사한 사례가 재발치 않도록 교화에 전적으로 책임을 통감하여 이를 보증하고 상기인의 출석 요구가 있을 시 즉각 요구에 응하겠읍니다.

보 증 인

주소 광주시 양림동 13통 4반 314번지

직업 대상자와의 관계 부

성명 최 태주 생년월일 1937년 4월 24일

1980. 9. 1.

보증인 최 태주 (인)

전 남 합 동 수 사 단 장 귀 하

■ 적십자병원 진료 기록부 요약표

순번	이름	성별	나이	주소	상 병 명	부상일자	추정치료기간
1	권길주	남	38	광주	요부 염좌 우수모지 타박상	5.21	3주
2	권황금	〃	53	〃	우측 치골 골절	5.22	6주
3	기일섭	〃	46	〃	되측 제 7늑골 골절 좌측 척골골절	5.21	8주
4	김만석	〃	18	영암	좌둔부 파편창	5.22	4주
5	김무관	〃	19	광주	좌측 대퇴 분쇄골절	5.21	5개월
6	김재명	〃	31	〃	우측 견갑관절 총상		3주
7	김재홍	〃	20	〃	좌측 하지 절단, 우측 골절	5.21	5주
8	김정일	〃	38	〃	우측 비골 골절 좌측 척골골절 우측 견골 골절	5.20	8주
9	문기현	〃	17		뇌막염	5.21	3주
10	문병호	〃	29	광주	좌측 둔부 및 대퇴부 총상	〃	3주
11	문재인	〃	41	〃	우측 대퇴 관통 총상	〃	
12	박금석	〃	17	〃	골반부 골절	〃	6주
13	박석룡	〃	29	대구	뇌진탕 우측 대퇴 골절	〃	5개월
14	박성곤	〃	34	광주	좌측 대퇴부 총상	〃	3주
15	박숙자	여	21	완도	복부 관통상	〃	7주
16	박주상	남	20	광주	선추 쇄편 골절(총상)	〃	4주
17	박찬묵	〃	20	〃	좌측 견갑관절 총상	5.24	4주
18	서병선	〃	40	〃	좌측 전박부 골절	5.21	8주
19	신세관	〃	17	〃	우 대퇴, 좌 상박부 파편창	〃	3주
20	신영미	여	22	〃	좌측 대퇴 분쇄골절	〃	5개월
21	양부승	남	48	〃	좌측 중족골 골절	〃	5주
22	오만석	〃	5	〃	우측 대퇴 다발성 파편창	〃	3주
23	윤민환	〃	21	〃	좌측 둔부 파편창	〃	3주
24	윤용관	〃	53	〃	두측 쇄골 견갑골 골절 두부 열상 및 뇌진탕	5.21	6주
25	윤점숙	여	25	〃	좌측 상박부 복잡골절	〃	10주

순번	이름	성별	나이	주소	상 병 명	부상일자	추정치료기간
26	윤화정	여	22	〃	좌측 제7늑골 골절	〃	5주
27	이기수	남	41	〃	안면 열상 우측 수골 골절 탈구	〃	5주
28	이문창	〃	31	〃	복부 관통상	〃	3주
29	이상주	〃	18	〃	우측 하퇴부 총상	〃	3주
30	이수용	〃	39	〃	우측 견갑관절 탈구	〃	4주
31	이재규	〃	33	〃	장 천공, 척골 골절	〃	6주
32	이필철	〃	29	해남	우측 대퇴부 총상	〃	5주
33	장재규	〃	26	화순	우측 대퇴부 총상	5.23	2주
34	정성찬	〃	20	광주	척추 골절	5.19	
35	정순철	〃	20	〃	흉배부 및 좌둔부 파편창	5.23	3주
36	정이순	여	50	〃	뇌진탕 좌측 중족골 골절	5.21	6주
37	정하규	남	27	나주	좌 둔부 및 대퇴부 파편창	5.22	6주
38	조기원	〃	17	광주	복부 타박상	5.30	
39	조승익	〃	51	〃	두 개 골절	5.21	5주
40	조영복	〃	38	〃	흉추 요추 압박골절 안면 타박상	5.21	5개월
41	최미경	여	19	〃	우측 족관절 골절		3개월
42	최영석	남	20	〃	좌측 쇄골 골절 좌측쇄골 골절	5.21	6주
43	하철웅	〃	20	〃	좌측 전박 파편창	5.21	3주
44	현병화	〃	28	〃	뇌진탕 및 두부 열상 우측 다발성 늑골 골절	5.21	8주

4. 개인 병·의원(5·18 사상자 진료상황, 88년 5월 의사회자료)

병원	외래	입원	사망	계	병원	외래	입원	사망	계
고 의 원	5	1		6	여 효 신 외 과	18			18
김두원신경외과	5	2		7	영 남 신 경 외 과	6	1		7
김 명 철 외 과	4	3		7	우 성 정 형 외 과	5	11		16
김 명 환 외 과	9			9	우제인정형외과	7	1		8
김승완외과병원	40	8		48	윤 종 현 의 원	8	2	1	11
김 엽 정 형 외 과	20	2		22	이 규 동 의 원	1			1
김정형외과병원	23	8		31	이 남 재 외 과	5			5
김화중정형외과	14	1		15	이 상 현 외 과	10	3		13
노 광 철 의 원	27			27	이 용 도 외 과	15	5	1	21
노 준 채 의 원	5	5		11	임 외 과	11	1	1	13
대 우 병 원	30	1		31	임 종 호 의 원	40	1		41
동 아 의 원	4			4	임 학 택 외 과	8	2		10
동 진 외 과	5	9		14	전 일 의 원	13			13
박 윤 식 외 과	40			40	정영환흉부외과	4	6		10
복 음 외 과	14	5		19	조 세 현 외 과	23			23
서 석 병 원	100	6	1	106	조 정 형 외 과	37	2	1	40
성 심 병 원	31	2		33	최 외 과	2	3		5
손정모정형외과	5	3		8	최 원 섭 병 원	19	3		22
손 종 일 외 과	9	4		13	최희천이비인후과	20	1		21
송 외 과	4	1		5	한 양 섭 의 원	14			14
안 정 남 외 과	17	4		21	한 일 정 형 외 과	30			30
양 민 의 원	13			13	홍 안 과 병 원	9			9
어 수 원 외 과	8	13		21	홍 의 원	20			20
계(명)						757			882

5. 조선대학교 부속병원

- 당시 조선대학교 운동장에 공수부대가 주둔하고 있었기 때문에 부상자들의 접근이 어려웠다.
- 20명 정도로 추정되는 진료기록도 현재는 없으며, 부상자 7명의 명단만 남아 있다.

— 편집자 주 —

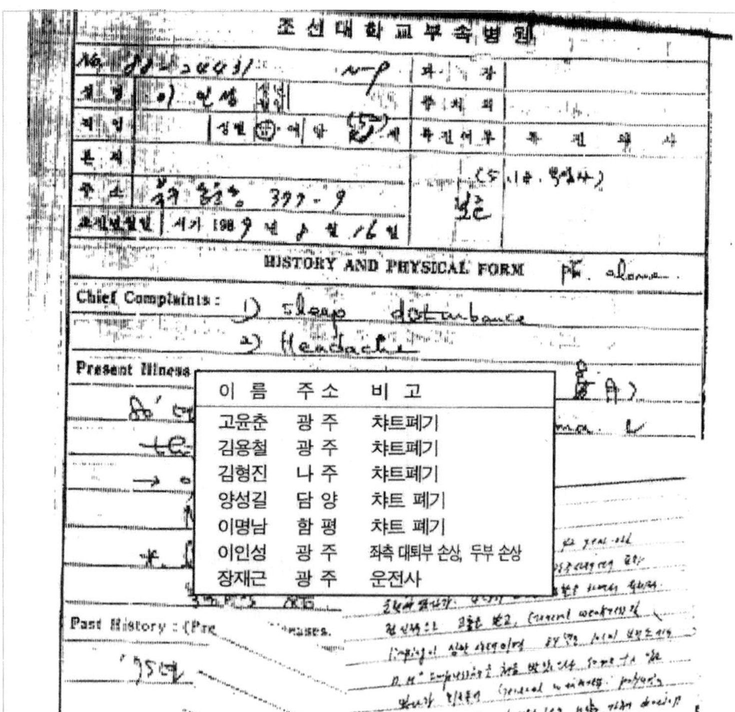

조 선 대 학 교 부 속 병 원

HISTORY AND PHYSICAL FORM

Chief Complaints : 1) sleep disturbance 2) Headache

Present Illness

Past History

이 름	주 소	비 고
고윤춘	광 주	챠트폐기
김용철	광 주	챠트폐기
김형진	나 주	챠트폐기
양성길	담 양	챠트 폐기
이명남	함 평	챠트 폐기
이인성	광 주	좌측 대퇴부 손상, 두부 손상
장재근	광 주	운전사

6. 국군광주통합병원

- 당시 전언에 의하면 국군통합병원에 가장 많은 중상자들이 실려갔다고 했기 때문에 통합병원의 진료기록에 많은 기대를 걸었었다.
- 그러나 공적으로 '자료가 없다'는 회신을 받았고, 사적으로 당시 지휘부에 계셨던 분들로부터 '자료의 일부가 있다'는 귀띔을 받았으나 군기밀누설 금지시한(20년) 때문에 결국 구하지 못했다.
- 이하 전재한 내용은 유일하게 구한 챠트의 일부를 복사한 것으로, 환자는 구타에 의한 췌장파열로 통합병원에서 수술받았던 이민오 씨(당시 조대의대 본과 4년, 현 이민오 외과의원장)이다.

— 편집자 주 —

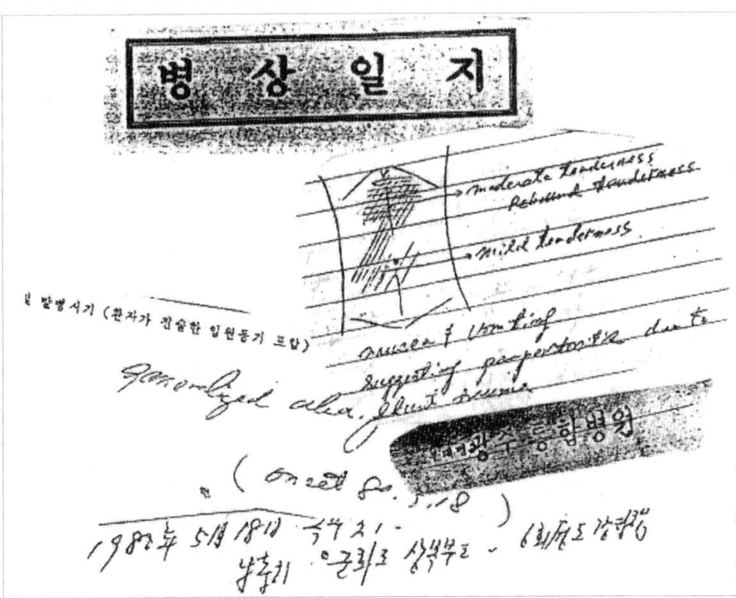

병 상 일 지

→ moderate tenderness
Rebound tenderness
→ Mild tenderness

발병시기 (환자가 진술한 입원동기 포함)

nausea & vomiting
suggesting peritonitis due to
Generalized abd. blunt trauma

광주통합병원

(onset 80.5.18)

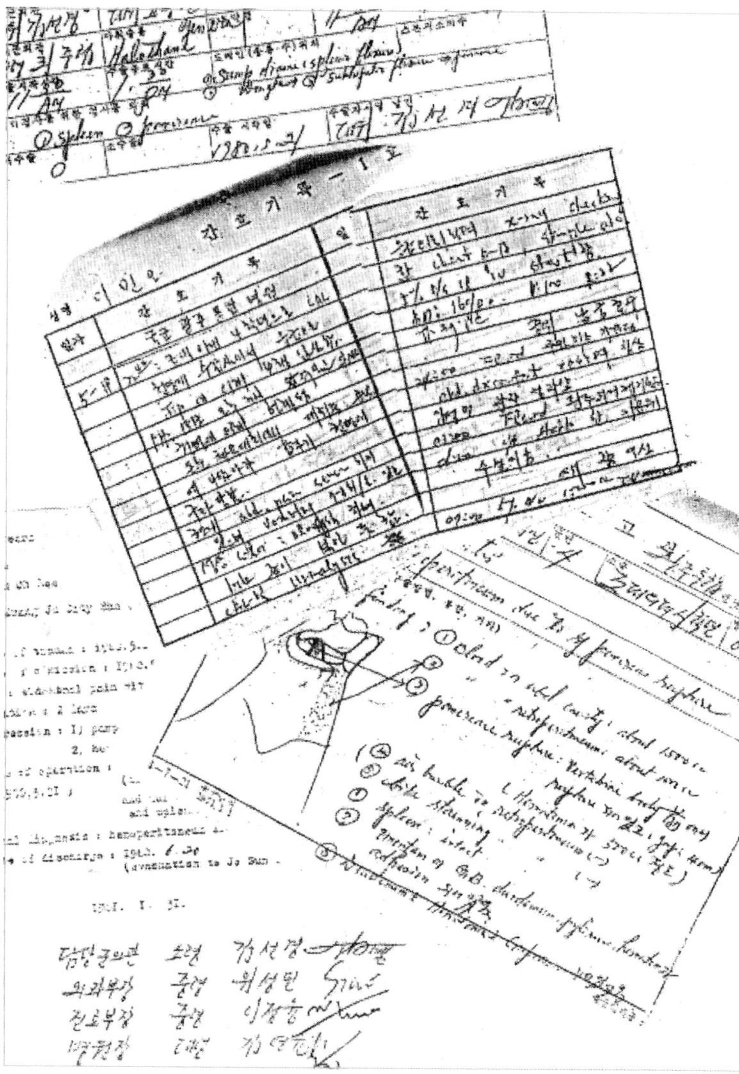